So lernst du mit Bachillerato

Das **Cuaderno de actividades** bietet dir zahlreiche Aktivitäten. Mit Textaufgaben und Sprachmittlungsübungen kannst du dich effektiv auf schriftliche Klausuren in der Oberstufe vorbereiten.
Außerdem findest du Übungen zur Festigung der Grammatik und des Wortschatzes sowie zusätzliche kleinschrittige Arbeitsaufträge, die dich bei der Lösung der Aufgaben im Schülerbuch unterstützen.

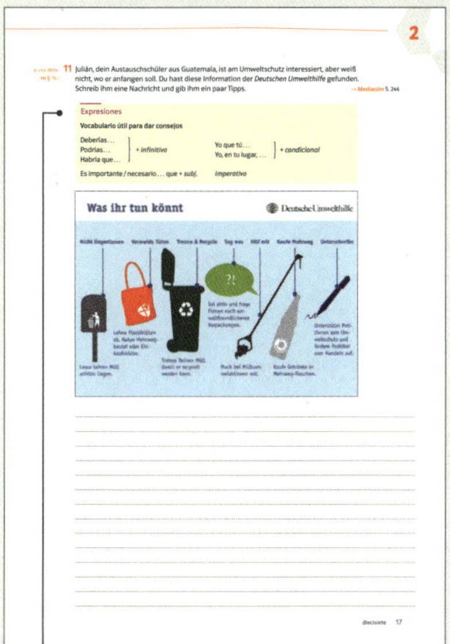

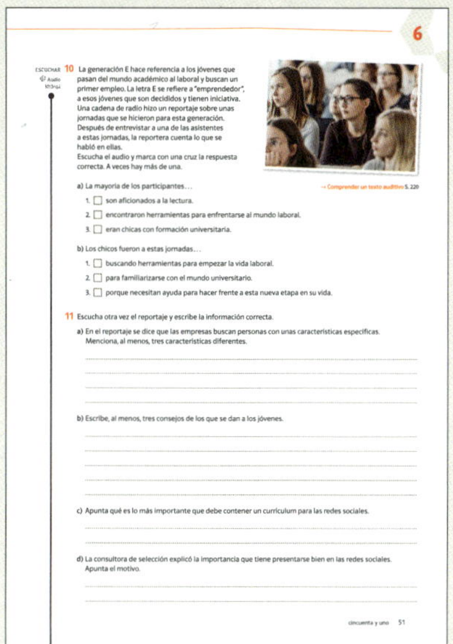

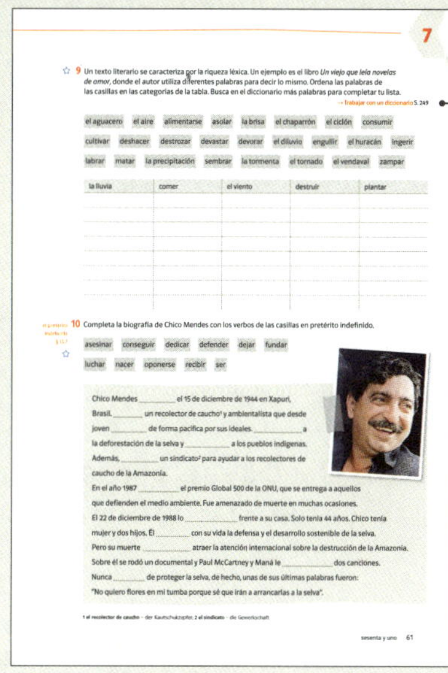

Expresiones

Die Expresiones-Kästchen enthalten wichtige Vokabeln und hilfreiche Redemittel, die dir helfen, die Aufgaben zu bewältigen.

Lösungen und Transkriptionen

Diese findest du über Mediencodes. Sie ermöglichen dir, autonom zu arbeiten, indem du deine Ergebnisse eigenständig kontrollieren kannst.

Lernstrategie

Dieser Verweis zeigt die Seite des Schülerbuchs an, auf der du die passende Lernstrategie mit den entsprechenden Redemitteln findest.

Mediencode u7i9ck

Auf einigen Seiten im Buch findest du Bachillerato-Codes. Diese führen dich zu Audios, Videos und weiteren Materialien im Internet. Gib den Code einfach in das Suchfeld auf www.schueler.klett.de ein.

Symbole

§ 5	Die Paragrafen verweisen auf die **¡Gramática! de la lengua española** (538006).
[Fahne]	Interkulturelles Lernen
MK	Kennzeichnet Aufgaben zum Thema Medienkompetenz.
☆	Dieses Material ist besonders für Leistungskurse geeignet.

1 Colombia

Audio und weitere Materialien: u7i9ck

ESCUCHAR Audio u7i9ck

1 Escucha el siguiente audio sobre el Carnaval de Negros y Blancos y completa la información.

El Carnaval de Negros y Blancos es uno de los ____________ ________________ del sur de Colombia y en los últimos años ha ganado protagonismo a nivel ________________ e internacional porque ha sido declarado patrimonio cultural inmaterial de la humanidad por la UNESCO.

Se celebra el 5 y 6 de enero y se caracteriza por sus carrozas y sus ____________________, que se empiezan a hacer ____________________.

El 5 de enero durante ________________________________, se daba un día ________________ a los negros y ellos lo celebraban con ____________________.

De ahí viene el nombre de este carnaval. También el día 6 de enero es el día de ______________ ____________, donde se reconoce ________________________ y lo blanco como una de las riquezas de esta región del país.

→ Comprender un texto auditivo S. 220

ESCUCHAR Audio u7i9ck

2 Escucha el audio en el que se habla sobre el uso del *tú* y del *usted* en Colombia y di si las siguientes frases son correctas (V) o no (F). Corrige las que no sean correctas.

→ Comprender un texto auditivo S. 220

	V	F	
a) Con doctores o profesores se habla de *usted*.			
b) A veces es común hablar de tú con gente a la que se acaba de conocer.			
c) Con la familia, por ejemplo con los abuelos, se usa el *tú*.			
d) En la región Caribe se suele hablar de *usted*.			
e) En Boyacá se prefiere hablar de *usted*.			
f) En Antioquia se usa con frecuencia el *tú*.			

ESCRIBIR

3 Explica cuándo se usa el *tú* y el *usted* en tu idioma.

ESCUCHAR **4** Escucha el siguiente *podcast* sobre el valor de la familia en Colombia y marca la información que se da en él.
Audio u7i9ck

→ Comprender un texto auditivo S. 220

☐	La organización de la familia depende de la región.
☐	El número de miembros ha disminuido con los años.
☐	Apenas hay familias monoparentales en el país.
☐	Los colombianos se casan ahora más que hace unos años.
☐	En fechas especiales se reúnen casi todos los miembros de la familia.

ESCUCHAR **5** Escucha el siguiente audio y completa las frases.
Audio u7i9ck

a) Colombia es un país en el sur de América de gran ______

b) Además de tener zonas de cordillera y selva tropical, tiene límites geográficos con ______

______

c) En la construcción de la identidad nacional contribuyen la biodiversidad y el gran mestizaje, debido a la historia del poblamiento que incluye ______

d) Las regiones son diferentes ______

e) Las características comunes de todos los colombianos son ______

______

ESCUCHAR **6** Vas a escuchar a una chica colombiana hablar sobre el concepto de la belleza en su país. Completa los huecos con la información que falta.
Audio u7i9ck

→ Comprender un texto auditivo S. 220

a) El concepto de ______ es algo que las mujeres colombianas viven desde ______.

b) Hay muchos reinados de belleza en el país como el del banano, el del ______ o el del coco, depende de la ______.

c) La mujer con muchas ______ es el ______ de belleza del país.

d) A las mujeres colombianas les gusta estar siempre bien ______ y llevar las uñas, las cejas y el ______ arreglados.

e) Muchas se someten a ______ desde muy ______.

f) Algunas personas viajan al país para hacer ______, ya que está en el top 10 a nivel mundial.

ESCRIBIR **7** Escribe un comentario con tu opinión sobre la cirugía estética. Escribe, además, si tú te harías una operación de estética. Justifica tu respuesta.

→ Expresar su opinión S. 234

______

______

______

______

______

el futuro § 15.10

8 Markus ha decidido mudarse a Barranquilla. Con ayuda de las frases de las casillas, escribe hipótesis en indicativo (futuro) o subjuntivo sobre qué hará allí.

aprender sobre la fauna y la flora | comer arroz de lisa | disfrutar de largos paseos | hacer una excursión | salir a bailar salsa | tomar el sol | ver los desfiles y hacer amigos | visitar el museo del Caribe | viajar en tren

a) Quizás ______________________ a Bocas de Ceniza, donde desemboca el río Magdalena.

b) A lo mejor ______________________ por el Gran Malecón.

c) Supongo que ______________________ en el Carnaval de Barranquilla.

d) Es posible que ______________________, un plato típico, en los restaurantes de la playa.

e) ______________________ por las noches a las discotecas de la ciudad.

f) Posiblemente, ______________________ en el zoológico de Barranquilla.

g) Igual ______________________ para informarse sobre la cultura y música caribeña.

h) Tal vez ______________________ a Santa Marta, que está solo a 2 horas de Barranquilla.

i) Probablemente, ______________________ por las tardes en la playa de Santa Verónica.

oraciones condicionales irreales § 17.7

9 Formula las siguientes frases como en el ejemplo para formar condicionales irreales.

a) Chico no tiene casa. Chico vive en la calle.

Si Chico tuviera casa, no viviría en la calle.

b) Chico no tiene un nombre real. Chico se llama Chico Grande.

____

c) Chico no sabe dónde está. Chico no puede volver a su casa.

____

d) El mundo es cruel. Los niños buscan algo de comer en la basura.

____

ESCUCHAR Audio u7i9ck

10 Blanca habla sobre la ONG en la que trabaja. Escucha y contesta las preguntas resumiendo la información.

→ Comprender un texto auditivo S. 220

a) ¿A quién ayuda la ONG? ______________________

____

b) ¿Qué profesionales trabajan para esta ONG? ______________________

____

____

c) ¿Cómo ayudan en la llegada masiva de venezolanos? ______________________

____

____

____

MEDIACIÓN **11** Deine kolumbianische Austauschschülerin Laura interessiert sich für deutsche Jugendliche, die als Freiwillige in Kolumbien arbeiten. Sie hat diese Homepage gefunden, aber spricht nicht gut Deutsch und bittet dich, ihr zu erzählen, welche Art von Arbeiten die Deutschen in ihrem Land verrichten. → Mediación S. 246

Volunteer-Projekte | Zielländer | Ratgeber | Specials

Freiwilligenarbeit in Kolumbien

Kolumbien ist eines der Länder, in dem du mit engagierter Freiwilligenarbeit viel für die Menschen tun kannst! In den letzten Jahren ist vieles besser geworden im Land – gerade auch bezüglich der Sicherheit. Die Menschen in Kolumbien müssen aber immer noch auf vieles verzichten und sehr viele auch auf lebenswichtige Dinge wie medizinische Versorgung und würdige Lebensbedingungen.

Hilfsprojekte vor Ort und Einheimische sind dankbar für jede freiwillige Zuwendung. Als Volunteer gibt es für dich in Kolumbien unzählige Möglichkeiten zu unterstützen, zu helfen, zu ermutigen. [...]

Freiwilligenarbeit in Kolumbien

Auch in Kolumbien werden in erster Linie freiwillige Helfer für humanitäre bzw. soziale Freiwilligenprojekte gesucht. Hunger und Armut der Bevölkerung sind die größten Probleme des Landes. Für die kolumbianischen Kinder ist die Lage dabei am schlimmsten. Die Zahl der Straßenkinder in den Städten ist erschreckend hoch. Im Rahmen von Freiwilligenarbeit in Kolumbien kannst du dich mit viel Engagement für Kinder und Erwachsene einsetzen. Es gibt viel zu tun.

Unterrichten

Als Volunteer in Kolumbien kannst du zum Beispiel im Rahmen eines von vielen Hilfsprojekten Schüler in Englisch unterrichten. Auch andere Unterrichtsfächer sind möglich. Darüber hinaus gibt es viele weitere wichtige Projekte für Kinder und Jugendliche, die einen besonders schwierigen Start ins Leben haben: darunter Straßenkinder, Kinder mit körperlichen oder geistigen Behinderungen, Waisen oder auch Kinder in Zentren, die sich um den Nachwuchs überlasteter Familien kümmern. Du kannst die örtlichen Mitarbeiter unter anderem dabei unterstützen, die Kinder zu verpflegen, ihre Freizeit zu gestalten und sie ggf. zu unterrichten. Volunteers werden dringend gesucht!

Natur- und Umweltschutz

Kolumbien ist weltweit die Nummer zwei hinsichtlich der Artenvielfalt pro Flächeneinheit. 10 % aller auf der Erde lebenden Arten sind auch in Kolumbien heimisch. Hinzu kommt eine hohe Anzahl endemischer Arten. Die Pflanzenwelt ist dabei größter Reichtum des Landes. Hier gedeihen zwischen 45.000 und 55.000 Arten. Das Tierreich umfasst rund 2890 Landwirbeltierarten. Seit den 70er Jahren hat der Schutz natürlicher Ressourcen eine hohe Priorität in Kolumbien. Trotz der Bemühungen sind innerhalb der letzten Jahrzehnte erhebliche Umweltschäden entstanden: Zum einen durch natürliche Umweltkatastrophen wie extreme Trocken- oder Regenzeiten, zum anderen durch soziales & wirtschaftliches Wachstum sowie die militärischen Auseinandersetzungen.

Medizin & Soziale Arbeit

Als freiwilliger Helfer hast du in Kolumbien unter anderem auch die Möglichkeit, in Projekten zu arbeiten, die sich der Gesundheit und Entwicklung einzelner Gemeinden verschrieben haben. Aufgabenfelder sind beispielsweise sexuelle Gesundheit, allgemeine Sozialarbeit sowie Bildungsprojekte und Workshops speziell für die Mädchen und Frauen der Gemeinden. Wichtige Themen dabei sind Ernährung und Erziehung. Wenn du dich im Kampf der Kolumbianer gegen HIV/AIDS engagieren möchtest – auch hier gibt es sinnvolle Hilfsprojekte für deinen freiwilligen Einsatz. Internationale Volunteers sind in Kolumbien auch bei der Arbeit mit älteren Menschen gefragt. Denkbar ist die Betreuung Älterer in einem Seniorenheim oder auch in Zentren für ältere Frauen, die zuvor auf der Straße leben mussten. In den Zentren kannst du helfen, die älteren Damen zu versorgen und ihnen neuen Mut zu schenken.

as conjunciones
§ 21.6

12 Mira la tabla y subraya las conjunciones de este modo: verde para las que usas a menudo, azul para las que te parecen muy útiles y rojo para las que te parecen difíciles.

Conjunciones	
condicionales	si
conclusivas	entonces, pues, por eso, por consiguiente, por lo tanto
temporales	cuando, hasta que, mientras
causales	porque, como, dado que, puesto que, ya que
copulativas	ni… ni, ni siquiera, tanto… como, y
disyuntivas	o, o… o
adversativas	pero, aunque, no obstante, sin embargo, sino
finales	para que, a fin de que
modales	como si, sin que

as conjunciones
§ 21.6

13 Lee el texto y cambia las conjunciones en negrita por otras del ejercicio 12. Puede haber más de una posibilidad.

Los niños de Colombia

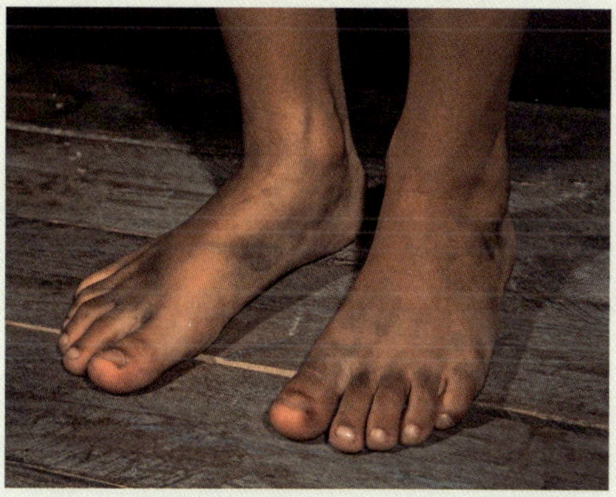

Colombia se caracteriza por su gran riqueza, **pero** (________________________) esta no se reparte de forma uniforme. Las condiciones en las que viven los niños en el país no son las mejores **porque** (________________________) el país ha estado sometido a continuos conflictos bélicos, además de a muchas catástrofes naturales.

Debido a estas catástrofes, no todos los jóvenes colombianos pueden estudiar, **ya que** (________________________) muchos colegios tienen que cerrar durante meses para ser reconstruidos. Además, muchos de estos niños son obligados por sus familias a trabajar **para que** (________________________) ayuden a sus padres con las necesidades diarias. Estos chicos no solo se enfrentan a los problemas de la guerra y los desastres naturales, también viven en zonas en las que hay minas antipersona. **Por eso**, (________________________) muchos de ellos tienen accidentes que los llevan a tener alguna discapacidad.

La mayoría de estos niños **no** (____________) tienen recursos **y tampoco** (____________) tienen salud para llevar una vida como la de los niños de otros países, **por eso** (________________________) nuestro objetivo es luchar **para que** (________________________) consigan unos derechos mínimos.

las preposiciones § 21

14 Completa la tabla con las palabras de las casillas según la preposición que lleven.

preocuparse | soñar | acordarse | acostumbrarse | alegrarse | confiar | derecho | difícil | disfrutar | dispuesto | pensar

a	
de	
con	
por	
en	

las preposiciones § 21

15 Forma frases con las siguientes palabras. No olvides las preposiciones.

a) tienen – la infancia – derecho – los niños soldado
Los niños soldado tienen derecho a la infancia.

b) de tu viaje – a Colombia – alegro – me – que tengas – un buen recuerdo

c) para todos los niños – yo – sueño – un futuro mejor – del mundo

d) el problema – solucionar – difícil – es – de la pobreza – en Colombia

e) los psicólogos y educadores – confían – Catalina y Manuel – que los ayudan

f) los voluntarios – ayudar – dispuestos – están – a la gente pobre

g) en Medellín – mi infancia – acuerdo – me

h) mis amigos – en Colombia – pienso mucho – que viven

i) la situación – las ONG – se preocupan – de los niños colombianos

j) vivir – muchos niños – se acostumbran – en la calle

k) de verano – en mi país – las vacaciones – disfrutan – los niños

16 Sustituye las palabras en negrita por el verbo adecuado de las casillas.

~~afirmar~~ | asegurar | declarar | expresar | mencionar | opinar | proponer

a) El presidente **dijo** que la crisis había terminado.

El presidente afirmó que la crisis había terminado.

b) Hoy en día en las redes sociales la gente **dice** sus sentimientos abiertamente.

c) La policía **dijo con seguridad** que se había detenido al maleante.

d) Los trabajadores **dijeron** que, **según ellos**, las medidas del Gobierno eran innecesarias.

e) Voy a Colombia el mes que viene y ella me **dijo** que visitara Cali, que era precioso.

f) La inspectora **dijo en público** que habían incautado la droga.

g) Las trabajadoras **dijeron** los problemas que habían tenido.

ESCUCHAR **17** Escucha el siguiente audio sobre Pablo Escobar y completa las frases. → Comprender un texto auditivo S. 220

Audio u7i9ck

a) Pablo Escobar se convirtió en un hito de la historia de Colombia por su trascendencia a nivel

b) Fue una persona que construyó un imperio

c) No tuvo inconveniente en matar a miles de personas con el único fin de

d) Consiguió el aprecio de la gente con la

e) Dio dinero a

f) Fue admirado por políticos y jugadores de fútbol debido a

g) Ordenó ataques contra

h) Algunos de sus ataques fueron:

ESCUCHAR **18** Vas a escuchar un audio sobre la vida en Apartadó. Haz una lista con las características de este lugar y las ventajas de vivir allí. Escribe, al menos, tres características y tres ventajas. → Comprender un texto auditivo S. 220

Audio u7i9ck

Características	Ventajas

ESCRIBIR **19** Comenta si te gustaría vivir en Apartadó y por qué (no).

ESCUCHAR **20** Escucha el audio sobre Cali y marca la opción correcta. A veces hay más de una posibilidad.
→ Comprender un texto auditivo S. 220

Audio u7i9ck

A Cali es la capital…
- ☐ 1. del tango.
- ☐ 2. de la salsa.
- ☐ 3. de la rumba.

B En esta ciudad hay…
- ☐ 1. gran variedad de culturas y razas.
- ☐ 2. muchos bailarines.
- ☐ 3. gente con mucho dinero.

C Sus fiestas populares se celebran…
- ☐ 1. a finales de año.
- ☐ 2. cerca del mar.
- ☐ 3. durante el verano europeo.

D La feria de Cali…
- ☐ 1. se celebra todos los años.
- ☐ 2. es famosa por su música y comida.
- ☐ 3. representa la influencia del pueblo negro.

E El festival de Petronio Álvarez…
- ☐ 1. muestra la cultura de la población negra.
- ☐ 2. dura seis días.
- ☐ 3. se celebra en una salsoteca.

F La rumba caleña se puede disfrutar…
- ☐ 1. solo en los festivales de la ciudad.
- ☐ 2. en muchos bares de la ciudad.
- ☐ 3. en el barrio obrero o en La Alameda.

LEER **6** Ordena las siguientes partes para completar la carta formal.

Estimado señor González:

Le agradezco de antemano su respuesta. Reciba un cordial saludo.

Me dirijo a usted a fin de informarme sobre sus cursos para concienciar en las escuelas sobre el malgasto de agua.

Información sobre sus charlas de la huella hídrica

Juan Antonio López

Quisiera pedirle una cita para poder discutir sobre este tema en detalle.

Trabajo como director en un instituto de Sevilla y cada día veo cómo nuestros alumnos tiran comida a la basura. En clase nuestros alumnos han hablado sobre la huella hídrica, pero todavía no están concienciados al cien por cien.

2 Juan Antonio López
Instituto Pablo de Olavide
C/San Juan de Azabache 38
41001 Sevilla

1 ONG AGUA ES VIDA
A la atención de Jorge Víctor González
Av. Colón 2
28001 Madrid

3 Sevilla, 22 de julio de 2020

4

5

6

7

8

7 Lee las partes de una carta y su explicación. Coloca cada parte en el lugar que corresponde en la carta de arriba.

- ☐ Despedida: fórmula para terminar la carta.
- ☐ Firma: nombre de la persona que escribe la carta.
- ☐ Cuerpo de la carta: texto principal de la carta.
- ☐ Saludo: fórmula para empezar la carta.
- ☐ Asunto: tema que se trata en la carta.
- ☐ Destinatario: persona a la que se dirige la carta.
- ☐ Remitente: persona que escribe la carta.
- ☐ Lugar y fecha: dónde y cuándo se escribe la carta.

ESCUCHAR
Audio
p37f58

8 Vas a escuchar una entrevista en la que se habla de unas jornadas antiplástico. Resúmela en pocas palabras.

→ Comprender un texto auditivo S. 220

ESCUCHAR
Audio
p37f58

9 Vuelve a escuchar la entrevista y di si las siguientes frases son correctas (V) o no (F). Corrige las que no sean correctas.

→ Comprender un texto auditivo S. 220

	V	F
a) Las jornadas se están realizando en muchos países.		
b) Un problema muy grave es que el plástico solo afecta a los seres humanos.		
c) Adolfo dice que lo más importante es concienciar a la gente que usa el plástico.		
d) Adolfo exige a la clase política que tome medidas para frenar el uso y la fabricación de plásticos.		
e) Los asistentes podrán participar en una recogida de plásticos, además de asisitir a talleres.		
f) La jornada comenzará a las 11 de la mañana en la playa.		

el condicional § 16.1

10 Completa los siguientes consejos para cuidar el medio ambiente con la forma del condicional de los verbos entre paréntesis.

a) Yo que tú no ______________ (**utilizar**) bolsas de plástico.

b) Yo, en tu lugar, ______________ (**hablar**) más con mi familia y mis amigos, y les ______________ (**concienciar**) del problema que hay con el plástico.

c) Te ______________ (**aconsejar, nosotros**) que no compraras productos de plástico.

d) Yo, en tu lugar, no ______________ (**tirar**) a la basura lo que puedes volver a utilizar.

e) Yo que tú ______________ (**reutilizar**) botellas de plástico vacías para elaborar nuevas cosas.

f) Creo que ______________ (**deber, vosotros**) pensar más en el futuro.

g) Yo que tú ______________ (**plantar**) un árbol.

h) Yo, en tu lugar, ______________ (**comer**) menos carne.

el condicional § 16.1

11 Julián, dein Austauschschüler aus Guatemala, ist am Umweltschutz interessiert, aber weiß nicht, wo er anfangen soll. Du hast diese Information der *Deutschen Umwelthilfe* gefunden. Schreib ihm eine Nachricht und gib ihm ein paar Tipps.

→ Mediación S. 246

Expresiones

Vocabulario útil para dar consejos

Deberías… / Podrías… / Habría que… } + *infinitivo*

Yo que tú… / Yo, en tu lugar, … } + *condicional*

Es importante / necesario… que + *subj.*

Imperativo

ESCUCHAR **12** Vas a ver el vídeo de una chica española que habla en su canal sobre la moda sostenible. Contesta las preguntas (a – e) con palabras clave. → Comprender un texto auditivo S. 220

Vídeo p37f58

a) ¿Por qué critica las camisetas con mensajes feministas de algunas marcas?

____

b) ¿Qué es lo primero que tenemos que hacer en nuestra forma de consumir?

____

c) ¿Qué hace ella para no comprar?

____

d) ¿Qué hace cuando necesita algo para una sola vez?

____

e) ¿Qué hacemos cuando compramos algo de segunda mano?

____

ESCRIBIR **13** Describe en tu cuaderno la siguiente campaña publicitaria y explica cuál es su mensaje. En la página 244 del libro del alumno encuentras vocabulario útil para comentar una campaña publicitaria.

ESCRIBIR **14** Describe la siguiente viñeta e interprétala. Puedes usar el diccionario. → Describir y analizar una imagen S. 234

1 ser – *hier:* vivir

15 Elige el conector adecuado.

Ayer me levanté a las 7 y en seguida / para acabar desayuné un vaso de leche con unas tostadas.
A continuación / Por un lado me di una ducha y me arreglé.
Cuando salí de casa, el ascensor estaba estropeado, en consecuencia / a pesar de no llegué a tiempo para coger el autobús que tengo que tomar para ir al colegio, es decir / asimismo, llegué tarde a clase.
Encima / Por consiguiente cuando llegué, había un examen sorpresa de Matemáticas para el que no había estudiado nada. Aun así / Por lo tanto me salió bastante bien, creo que he aprobado. Después quedé con mis amigos para jugar a los videojuegos.
En resumen, / Cabe destacar mi día fue genial, pese / pero al examen de Matemáticas.

ESCRIBIR **16** Analiza y comenta el cartel de la campaña *#VocesEnIgualdad*.

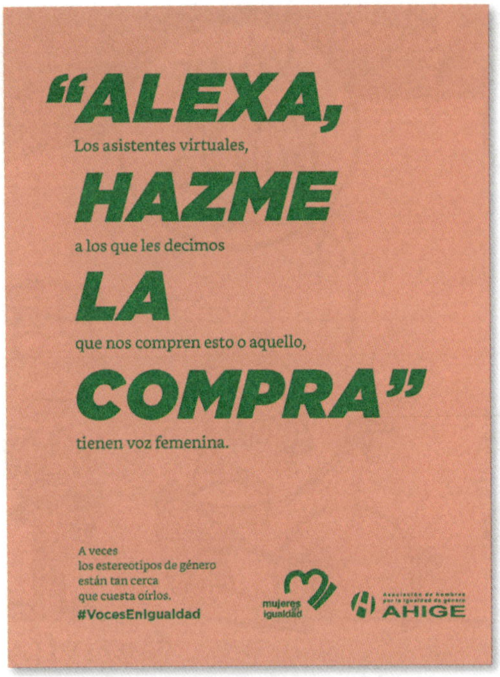

ESCUCHAR **17** Escucha el audio sobre la alfabetización y marca la respuesta correcta.

Audio p37f58

a) La tasa de alfabetización de los jóvenes en América Latina es del…

- ☐ 1. 86%.
- ☐ 2. 91%.
- ☐ 3. 98%.

b) De los 750 millones de personas que no saben leer ni escribir…

- ☐ 1. un 91% son mujeres.
- ☐ 2. la mayoría son mujeres.
- ☐ 3. la mitad son mujeres.

c) Entre los países que tienen una tasa de alfabetización en torno al 99% están…

- ☐ 1. Honduras, Bolivia y Ecuador.
- ☐ 2. Argentina, Chile y Cuba.
- ☐ 3. Bolivia, Ecuador y Argentina.

d) Las mujeres indígenas y las que viven en zonas rurales…

- ☐ 1. se quedan en la educación básica.
- ☐ 2. no tienen problemas de alfabetización.
- ☐ 3. acceden a la educación superior.

ESCUCHAR **18** Mira el vídeo de la cadena mexicana Televisa y elige la opción correcta.

Vídeo p37f58

a) En Chamula, Chiapas…

- ☐ 1. 6 de cada 10 personas son analfabetas.
- ☐ 2. la gente es muy humilde.
- ☐ 3. se preocupan por la educación para adultos.

b) Las mujeres de Chamula…

- ☐ 1. tienen muchas ganas de aprender.
- ☐ 2. trabajan fuera de casa y no tienen tiempo.
- ☐ 3. son amas de casa la mayoría.

c) La educadora…

- ☐ 1. lleva más de 28 años enseñando.
- ☐ 2. procede de una comunidad indígena.
- ☐ 3. no tiene problemas para encontrar a gente que quiera aprender.

d) Con su labor, la educadora ayuda…

- ☐ 1. solo a mujeres que trabajan en casa.
- ☐ 2. a todas las personas que son analfabetas.
- ☐ 3. únicamente a la gente que vive en su comunidad.

el gerundio
§ 19.3

1 Completa el texto con el gerundio de los verbos entre paréntesis.

Las redes sociales son desde hace ya unos años una fuente para informarse sobre lo que está sucediendo. ______________ (**buscar**) información en Internet, nos damos cuenta de que cualquier persona puede publicar lo que quiera desde su móvil o su ordenador, ______________ (**hacerse**) más dudosa la información que se encuentra en las redes.

______________ (**existir**) este peligro, es normal que los portales profesionales de noticias sean de gran importancia para todos aquellos que buscan información fiable. ______________ (**visitar**) este tipo de páginas web podemos acceder a una información de calidad.

el gerundio
§ 19.3

2 Lee el siguiente texto y vuelve a escribir estas frases utilizando el gerundio donde puedas.

> "Si nos formamos nuestra propia opinión sobre lo que pasa en la política a nivel local, nacional y global, podemos buscar alternativas a lo que va mal. La prensa nos influye en gran medida porque juega un papel muy importante en la política. La prensa toma decisiones sobre qué temas se tratan y desde qué perspectivas se hace, y así determina de forma indirecta lo que pensamos".

____

____

____

____

____

____

el indicativo y el subjuntivo en las subordinadas adverbiales
§ 17.7

3 Ordena las siguientes expresiones según vayan con indicativo o con subjuntivo.

(No) está bien / mal que… | Pienso que… | Estoy seguro, -a de que… | (No) es (adjetivo) que… | No creo que… | Dudo que… | Es cierto que… | Puede (ser) que… | No estoy seguro, -a de que… | Creo que… | Estoy convencido, -a de que… | Supongo que…

indicativo	subjuntivo
______________	______________
______________	______________
______________	______________
______________	______________
______________	______________
______________	______________

el indicativo y el subjuntivo en las subordinadas adverbiales § 17.7

4 Reacciona a los siguientes comentarios. Escribe el verbo en indicativo o en subjuntivo.

Silvia: Es normal recibir malos comentarios, sobre todo si publicas una foto tuya personal.

¿Qué dices, @Silvia? No es normal que ____________ malos comentarios, ni siquiera aunque ______________ una foto tuya personal.

Álex: Me parece bien que se publiquen siempre los nombres reales de las personas que comentan algo en Internet. Creo que tiene que ser obligatorio.

@Álex, es imposible que te _____________ bien que se publiquen siempre los nombres reales de las personas que comentan algo en Internet. No creo que ___________________ obligatorio.

Mario: No creo que las redes sociales te permitan expresar tu identidad mejor que la ropa que llevas o la música que escuchas.

¿Piensas eso, @Mario? Pues yo estoy convencido de que las redes sociales ________________ expresar tu identidad mejor que la ropa que llevas o la música que escuchas.

Lara: Me gusta tener mi perfil de las redes sociales público, así todo el mundo lo puede ver.

¿En serio, @Lara? Es peligroso que ____________ tu perfil de las redes sociales público y que todo el mundo lo ___________ ver.

☆ **5** Marca con una cruz las tareas que tienes que hacer cuando analizas un texto.

- ☐ resumir el texto
- ☐ buscar soluciones
- ☐ examinar bien ciertos aspectos del texto
- ☐ pensar en más ejemplos
- ☐ dar una opinión
- ☐ explicar ciertos aspectos del texto

LEER ☆ **6** Lee otra vez el texto del libro del alumno "La manipulación del lenguaje" y toma notas sobre los siguientes aspectos.

a) ¿De qué habla el texto? ____

____

b) ¿Quiénes se comunican de esta manera? ____

____

____

c) ¿Cómo lo hacen? ____

____

____

d) ¿Para qué lo hacen? ____

____

____

____

____

HABLAR ☆ **7** Discute con tus compañeros tus resultados del ejercicio 6.

☆ **8** Es importante saber expresar el contenido de un texto con tus propias palabras. Practícalo con esta cita del texto:

> "Aunque parezca paradójico que los que quieren convencernos de algo apelen a nuestra creatividad, libertad o independencia, si estamos sintiendo (y no pensando) nos pueden convencer de ello".

ESCUCHAR Audio aw24kn **9** Vas a escuchar una conversación entre dos amigos. Di si las siguientes respuestas son correctas (V) o no (F). Corrige las que no sean correctas.

→ Comprender un texto auditivo S. 220

	V	F
a) A Carlos su teléfono antiguo no le daba problemas.		
b) Carlos estuvo trabajando todo el verano para comprarse un teléfono.		
c) A Carlos no le hacen falta las aplicaciones que ofrece su teléfono nuevo.		
d) A Carlos le mintieron los vendedores de la tienda para que comprara el teléfono.		
e) Mireia no se cree todas las noticias que lee en Internet.		

ESCRIBIR **10** Comenta si crees que Carlos ha sido víctima de la manipulación de las empresas de publicidad.

____
____
____
____
____
____
____
____

11 Completa el texto con las palabras de las casillas. Fíjate en los tiempos verbales y en el género y número de los sustantivos.

abrir | actualizar | colgarse | la conexión | descargar | encuadernado | navegar | la página impar | pasar la página | reiniciar | la tapa | el volumen

Cuando estábamos en la biblioteca con nuestro curso de Español, nos fuimos a un archivo donde se guardaban ____________ muy antiguos de primeras ediciones de diferentes épocas.
Me llamó la atención sobre todo uno de ellos que estaba ______________ en rojo, cuyas ________ no eran flexibles. Era la primera edición de la novela *1984* de George Orwell del año 1949. El guía que nos mostró el archivo me dijo que para tocar el libro tendría que ponerme guantes para no ensuciarlo. Cuando ________ el libro y empecé a ________ las __________, me di cuenta de que las páginas ya estaban amarillentas y que el color de la letra estaba muy apagado, sobre todo en las __________ __________. Estaba muy fascinada con el libro. Sabía de qué iba, ya que nuestro profesor de Inglés nos había hablado de él la semana anterior.
No me podía creer que en los años 40 un autor pudiera tener unas ideas tan actuales.
Por eso, decidí ____________ el libro cuando volvimos al instituto y pasarlo a mi *ebook*.
__________ en Internet y encontré una versión gratis del libro. Lamentablemente, la __________ de nuestro instituto es pésima. Además, mi libro electrónico es muy antiguo y no lo uso mucho y, a veces, se ________ y lo tengo que __________.
También le cuesta unos tres segundos ____________ la página. Aun así, ya he llegado a la mitad del libro y sigo leyéndolo entusiasmada.

LEER **12** Vuelve a leer el texto del libro del alumno *Los centinelas del tiempo* (I) y di si las siguientes frases son correctas (V) o no (F). Corrige las que no sean correctas.

	V	F
a) Pablo está casi al final del libro que está leyendo, *El Señor de los Anillos*.		
b) El dispositivo con el que lee es igual que un *ebook*.		
c) Los expertos dicen que tener que pasar las páginas con la mano tiene un efecto negativo en la concentración.		
d) Pablo está en el instituto el 25 de diciembre.		
e) En el mundo de Pablo ya no se celebra la Navidad ni el Solsticio Invernal.		
f) Las vacaciones de invierno y de verano han sido abolidas porque los niños tienen que aprender mucho más que antes.		
g) El profesor quiere motivar a los alumnos a que lean libros.		
h) El aula de Pablo está muy digitalizada.		

ESCRIBIR **13** Completa la siguiente ficha con la información de los fragmentos de *Los centinelas del tiempo*.

Autor	
Género	
Narrador	
Tiempo y lugar	
Personajes	
Argumento	

MEDIACIÓN **14** Du hast gerade einen Post des jungen Spaniers Pedro entdeckt, der tausende Male geteilt wurde. Er kritisiert darin, dass die Schulen in der digitalen Bildung hinterherhängen. Außerdem plädiert er dafür, Smartphones im Unterricht zu nutzen, weil seiner Ansicht nach Bildung so viel leichter funktionieren würde.

Das hört sich für dich sehr plakativ an. Nachdem du folgendes Interview in der Schule behandelt hast, entscheidest du dich, ihm in einer Privatnachricht über Folgendes zu berichten:

- Warum werden digitale Medien an vielen Schulen zögerlich eingesetzt?
- Wann und wie machen digitale Medien im Unterricht laut Wampfler Sinn, wann nicht? → Mediación S. 246

Soziale Medien | digitale Medien | Weiterbildung | Netzwerke

Herr Wampfler, machen digitale Medien Schule besser?

Herr Wampfler, Sie waren vermutlich einer der ersten Lehrer der Schweiz, die digitale Medien im Unterricht eingesetzt haben. Schon 2012 haben Sie ein Buch über Soziale Medien in der Schule geschrieben. Was war Ihre Motivation?

Wir hatten an unserer Schule eine sehr theoretische Fortbildung zum Thema Soziale Medien mit externen Experten. In der Lehrerschaft hat das eher für mehr Verunsicherung gesorgt. Was zu kurz kam, war die Frage, wie Jugendliche diese Netzwerke nutzen. Da gibt es eine Wissenskluft zwischen Schülern und Lehrpersonen. Kurz darauf bin ich in Weiterbildungsferien gegangen, habe einen Blog zum Thema begonnen, Tagungen besucht und das erste Buch zum Einsatz von Social Media in Schulen geschrieben. Seither werde ich selbst als Experte zu Weiterbildungen in Schulen eingeladen. Wobei ich den Schulen sage: „Ihr könnt die Verantwortung nicht dauerhaft an Externe delegieren." Die Lehrpersonen und die Schulleitung müssen sich selbst mit den neuen Medien auseinandersetzen.

Machen digitale Medien den Unterricht grundsätzlich besser?

Ein Unterricht ohne den Einsatz von Medien ist gar nicht möglich. Auch die Wandtafel ist ein Medium. Digitale Medien sind einfach zeitgemäße Medien. Ein Unterricht ohne diese wirkt künstlich. Ich brauche die Tafel noch oft – manchmal digitalisiere ich sie. Ich schaue immer, was didaktisch sinnvoll ist.

Bei welchen Aufgaben müssen digitale Medien auf jeden Fall außen vor bleiben?

Zum Beispiel, wenn sich die Schülerinnen und Schüler zusammensetzen, um einen Konflikt zu lösen. Da wäre es problematisch, wenn es digitale Aufzeichnungen geben würde. Oder wenn die Motorik wichtig ist: Was beim Von-Hand-Schreiben in der Primarschule passiert, kann mit digitalen Medien nicht gefördert werden.

Sind Sie auf Widerstände bei Kolleginnen und Kollegen gestoßen, als Sie neue Medien im Unterricht eingesetzt haben?

Im Prinzip war das den anderen egal, was ich im Klassenzimmer gemacht habe. Nach und nach hat aber die Schulleitung gemerkt, dass sie auf den Mediengebrauch der Kinder reagieren muss. Zunächst hat man es mit einem Handyverbot probiert. Das ließ sich aber nicht umsetzen. Also wurde umgeschwenkt auf „Bring your own Device": Die Geräte, die die Jugendlichen ohnehin dabei hatten, sollten im Unterricht genutzt werden. Das hat zu einigen negativen Reaktionen geführt.

Sollte es schon in der Primarschule Kontakte mit digitalen Medien geben?

Ganz klar ja. Nicht als Ersatz für den Wald und motorische Erlebnisse, aber zusätzlich. Die Primarschule prägt stark unser Verständnis von Schule und Wissensaneignung. Sie ist – bis auf ein paar Vorzeigeprojekte – stark analog geprägt. Dabei lernen Kinder in der Welt außerhalb der Schule Sprache und Bilder oft digital kennen.

Wie viel digital wäre zu viel?

Es gibt dieses amerikanische Modell, eine echte Schreckensvision: Jeder Schüler ist abgetrennt hinter dem PC und für 100 Schüler hat es vielleicht 3 Lehrpersonen, alles andere regeln speziell auf jeden einzelnen Schüler angepasste Lernprogramme. Und hinter denen steht eine mächtige Industrie. Der wichtigste Aspekt von Schule ist doch der soziale. Man muss hier Beziehungen knüpfen können.

Ihre Schülerinnen und Schüler sind um die 15 Jahre alt und haben alle ein eigenes Smartphone. Wie setzen Sie neue Medien im Unterricht konkret ein?

Nehmen wir als Beispiel den Deutschunterricht: Ich könnte einfach an die Wandtafel schreiben, was "erlebte Rede" ist. Oder ich lasse es die Schülerinnen selber mit dem Smartphone suchen, erstelle ein Google Doc und darin tragen die Schüler verschiedene Informationen zusammen. Anschließend können sie vergleichen: Was ist eine gute Quelle? Dabei stellen sie fest, dass es verschiedene Definitionen gibt, also keine Einigkeit vorherrscht. Das dauert nicht ewig, vielleicht 10 bis 15 Minuten. Aber ich bin überzeugt davon, dass sie es sich so besser merken können, als wenn ich es ihnen nur erzähle.

Lernen die Schüler auch aus Ihren Fehlern bei der Mediennutzung?

Sie fragen mich manchmal, wenn es auf meinen Profilen zu hitzigen Diskussionen kommt: „Was haben Sie da jetzt wieder für einen Stress?". Dann schauen wir das gemeinsam an und ich frage sie: „Wie würden Sie denn jetzt reagieren?" Aber es lässt sich wirklich oft schwer vergleichen, weil Jugendliche zum Beispiel viel zurückhaltender mit öffentlicher Kritik sind.

Das überrascht mich.

Ja, unter Mädchen wird es zum Beispiel schon als Akt von Aggression gewertet, wenn jemand ein Instagram-Bild nicht liked. Dass wir Lehrer dann in den Kommentaren des Klassen-Youtube-Kanals eine Diskussion austragen, finden sie peinlich. Das sei öffentliches Drama, das solle man doch nicht allen zeigen.

Wird bei Ihnen überhaupt noch auf Papier geschrieben?

Ja. Während der Stunde Notizen machen, funktioniert auf Papier besser. Da gibt es auch viele Studien, die das belegen.

Wie gut ist die Medienkompetenz der Jugendlichen?

Das hängt von der Perspektive ab. Erwachsene verstehen oft überhaupt nicht, wie komplex die Mediennutzung mit all ihren Kommunikationsregeln bei Jugendlichen ist. Was man alles können und wissen muss. Diese Kompetenz wird von den Erwachsenen nicht gewürdigt. An anderer Stelle sehe ich Handlungsbedarf: Vielen Jugendlichen fällt es schwer, relevante und wahre Informationen zu filtern. Da ist die Schule gefordert, die Jugendlichen aufs Leben vorzubereiten. Wenn man bei Google eine Frage eingibt, findet man immer die Antwort, die man auch hören möchte. Jugendliche sollten wieder lernen, ein Wissensnetzwerk aufzubauen und Fachleute zu fragen, wenn sie unsicher sind. Das war noch nie so einfach, wie heute, über das Internet.

▼

ESCRIBIR **15** En la sociedad de Pablo hay un gran número de reglas e ideales que son diferentes a las de la sociedad actual. Escribe cinco reglas o ideales que haya en tu instituto. Utiliza los verbos **poder**, **prohibir** y **permitir**, y las construcciones impersonales de la casilla.

Expresiones

Vocabulario para expresar la obligación
La forma impersonal *hay que*: Hay que hablar más bajo.
El pronombre *uno*: Uno dice lo que piensa.
La pasiva refleja: No se puede hablar en alemán en la clase de español.
La segunda persona del singular: No puedes llegar tarde.

____

____

____

____

____

____

ESCUCHAR **16** Vas a escuchar a diferentes personas que hablan sobre su libro preferido. Primero, tienes 60 segundos para leer la tarea de abajo. Después vas a escuchar la grabación dos veces. Relaciona las conversaciones (1 – 4) con sus respectivas ideas principales (A – F). Hay dos frases que no se usan, márcalas con una X.

Audio
aw24kn

conversación 1
conversación 2
conversación 3
conversación 4

	A	Con este libro conoció el placer de la lectura, su afición preferida.
	B	Lo que más le gustó del libro fue el idioma que desarrolló su autor.
	C	Gracias a este libro, descubrió a uno de sus escritores favoritos.
	D	Se rio muchísimo con este libro que le recomendó su profesora.
	E	Lo leyó porque le obligaron en el instituto y no le entusiasmó.
	F	La novela narra acontecimientos familiares.

17 Escribe qué tipo de novela o género literario de las casillas corresponde a cada definición.

Novela histórica | Biografía | Novela romántica | Novela policíaca | Novela de aventuras | Novela de ciencia ficción | Novela de divulgación científica

a) Suele haber mucha acción, viajes, misterios y riesgos. ______________

b) Utiliza hechos reales, aunque los personajes pueden no ser reales. ______________

c) Lo importante es resolver un misterio, normalmente de tipo criminal. ______________

d) Dos personas que están enamoradas luchan por su relación. ______________

e) Una persona escribe sobre la vida de otra, destacando sus éxitos y sus fracasos. ______________

f) Mundo irreal con una tecnología muy avanzada, pero fundamentado en la ciencia. ______________

____

g) Historias relacionadas con descubrimientos científicos. ______________

____

4 España hoy

Audio und weitere Materialien ch9jz6

LEER **1** Lee la información sobre la política de España del libro del alumno y elige la respuesta correcta.

A
Desde 1939 hasta 1975 en España hubo...
- ☐ 1. una dictadura.
- ☐ 2. una monarquía.
- ☐ 3. una república.

B
El presidente del gobierno es elegido por...
- ☐ 1. el rey.
- ☐ 2. el Parlamento.
- ☐ 3. el Senado.

C
El poder ejecutivo en España lo tiene...
- ☐ 1. el jefe de Estado.
- ☐ 2. el presidente del gobierno.
- ☐ 3. el pueblo.

D
Cada cuatro años hay...
- ☐ 1. elecciones generales.
- ☐ 2. partidos políticos.
- ☐ 3. un nuevo jefe de Estado.

E
El Parlamento está compuesto por...
- ☐ 1. el Senado y el Congreso de los Diputados.
- ☐ 2. el rey y el presidente del gobierno.
- ☐ 3. el rey y el Estado.

F
El presidente del gobierno está en el poder...
- ☐ 1. cuatro años.
- ☐ 2. ocho años.
- ☐ 3. diez años.

G
El Partido Socialista Obrero Español es un partido...
- ☐ 1. conservador.
- ☐ 2. de derechas.
- ☐ 3. de centroizquierda.

H
Hasta hace poco en España...
- ☐ 1. solo había dos partidos importantes.
- ☐ 2. solo había partidos de derechas.
- ☐ 3. había solo un partido importante.

I
Los jóvenes defienden a...
- ☐ 1. la monarquía.
- ☐ 2. la gente que no tiene trabajo.
- ☐ 3. los partidos políticos.

J
Gracias a los jóvenes, en el Senado...
- ☐ 1. son más solidarios.
- ☐ 2. se habla de asuntos que antes eran tabú.
- ☐ 3. hay más mujeres.

2 Relaciona los siguientes verbos y expresiones con la gráfica correspondiente. Puedes usar el diccionario.

aumentar | bajar | caer | constante | continuar en descenso | crecer | descender | desmoronarse | desplomarse | dispararse | duplicarse | estabilizarse | estable | estancarse | fijo, -a | hundirse | incrementarse | invariable | ir en aumento | mantenerse | reducirse | ser superior | subir

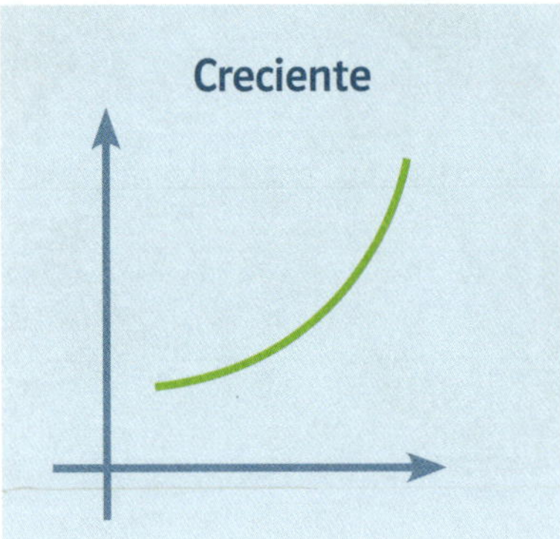

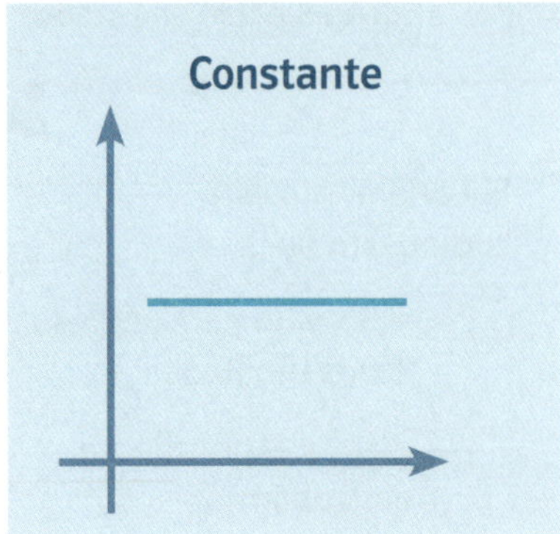

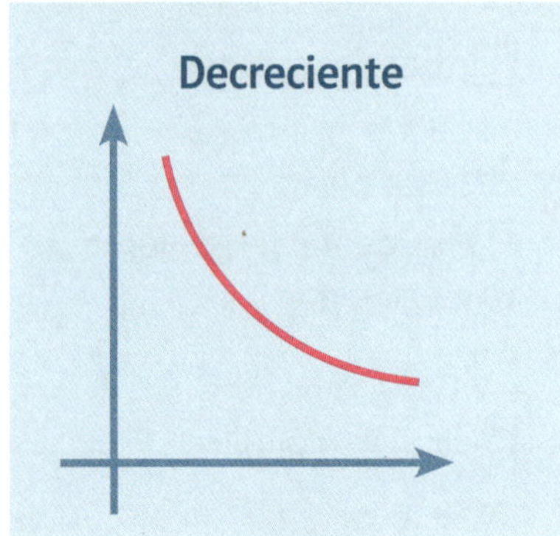

Creciente	Constante	Decreciente
______	______	______
______	______	______
______	______	______
______	______	______

3 Completa la siguiente descripción de la gráfica con las expresiones del ejercicio anterior.

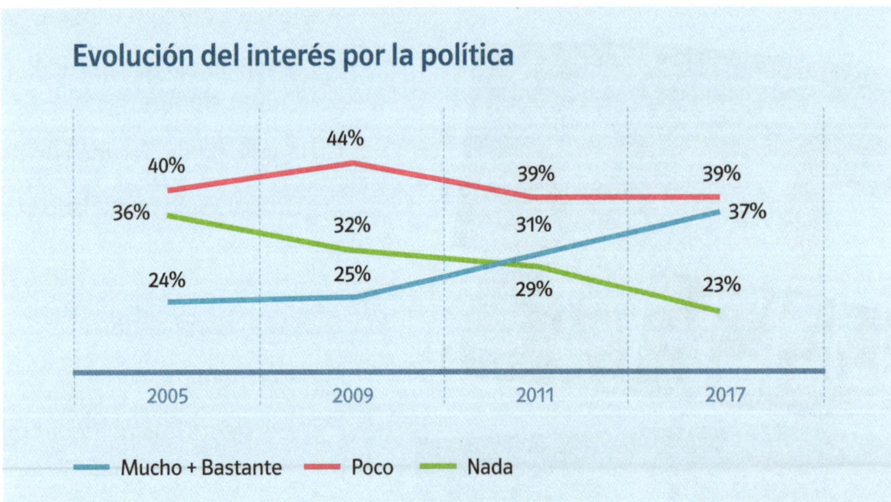

Fuente: Observatorio de la juventud en España. Estadística-Injuve 2017

En la gráfica se aprecia que el número de jóvenes que no se interesa por la política ______________________ desde 2005. Sin embargo, la cifra de jóvenes que tienen un poco de interés en la política ______________________ entre 2005 y 2009. Pero en el 2011 su número ______________________ un 5%.
El número de jóvenes muy interesados en política se mantuvo prácticamente ______________________ entre 2005 y 2009, ya que solo ______________________ un 1%.
A partir del 2009 el porcentaje de jóvenes activos e interesados en temas políticos ______________________ llegando a un 37% en el año 2017.

4 Escribe cómo se llaman las partes de la portada de un periódico con ayuda de las palabras de las casillas.

la noticia principal del día | la publicidad | el pie de foto
otras noticias destacadas | la foto de la noticia principal | la cabecera

____
____

EL PAÍS
www.elpais.com
EL PERIÓDICO GLOBAL
AVIACIÓN Trump rectifica y veta también el Boeing 737 Max 8
CHAMPIONS El Barça, a cuartos con goleada al Lyon (5-1)
URBANISMO Nueva York estrena barrio con sabor español
Dos hombres participan en un acto de limpieza de la basura de la bahía de Lampung, en Sukaraja (Indonesia).
La ONU pide medidas urgentes ante el desastre medioambiental
La inacción de los Gobiernos amenaza el planeta y la salud humana
CINCO ESCENARIOS DE LA CRISIS
China La contaminación del aire enferma a la población
Asia Central El mar de Aral colapsa y se muere de sed
Sahel El desierto y el hambre avanzan de la mano
Los Andes La cordillera pierde el refrigerador de sus glaciares
Amazonía Un pacto entre generaciones para el pulmón del mundo
El Parlamento británico rechaza por cuatro votos un Brexit duro
CAMINO A LAS URNAS
Sánchez choca con Díaz para imponer las listas del PSOE en Andalucía
El PP plantea retrasar la repatriación de embarazadas que den en adopción
JUAN GUAIDÓ
Presidente interino de Venezuela
“Hay mucho miedo en las Fuerzas Armadas, mucha persecución”
idealista
móntatelo en casa
Torra mantiene los lazos amarillos y recurre su prohibición

____
____

____
____

____
____

____
____

____
____

5 Completa las categorías de la tabla con las palabras de las casillas. Puedes usar el diccionario.

el abuso | la beca | el beneficio | la campaña | la candidatura | el contrato | la delincuencia
la desigualdad | el despido | los exámenes | la formación | la frontera | la ilegalidad
el indocumentado | la influencia | la integración | la jubilación | el partido | la pensión
el racismo | el salario | el soborno | las vacaciones | el voto

la corrupción	la educación	las elecciones	el empleo	la inmigración

el subjuntivo
§ 17

6 En época de elecciones la gente sale a la calle para quejarse y pedir soluciones a los políticos. Vuelve a escribir lo que dicen estas personas. Utiliza el subjuntivo.

a) **La gente no encuentra trabajo y no puede pagar una casa. El Gobierno debe ofrecer ayudas a las familias con menos recursos económicos.**

Queremos que la gente encuentre trabajo y ______________________________

____

b) **No todos los jóvenes tienen acceso a la educación y es algo necesario.**

Nos parece necesario ______________________________

c) **Los políticos solo hacen promesas y no cumplen nada de lo que dicen en su campaña electoral. Esto no me gusta nada.**

No me gusta nada ______________________________

____

d) **Tiene que haber ayudas para el transporte público y este tiene que ser eléctrico. Además, deben prohibir circular a los coches contaminantes.**

Exigimos ______________________________

____

e) **Nuestra propuesta es eliminar los plásticos de un solo uso y poner multas a todos aquellos que ensucien las playas.**

Proponemos ______________________________

____

f) **No se respetan los derechos de las mujeres en el mundo ni se adaptan las jornadas de trabajo para las personas que tienen hijos. Esto tiene que cambiar.**

Pido ______________________________

____

ESCUCHAR **7** Averigua cuánto sabes sobre Cataluña. Elige la respuesta correcta en el test. Después escucha el audio y comprueba tus respuestas.

Audio ch9jz6

¿Qué sabes de Cataluña?

A
Es uno de los paseos más famosos de Barcelona.
- ☐ 1. Las Ramblas
- ☐ 2. Gerona
- ☐ 3. Montjuïc

B
El día 23 de abril se celebra en Cataluña…
- ☐ 1. el día de Sant Jordi.
- ☐ 2. la independencia de Cataluña.
- ☐ 3. el nacimiento de Antoni Gaudí.

C
El día de Sant Jordi se regalan…
- ☐ 1. dulces típicos.
- ☐ 2. libros y rosas.
- ☐ 3. camisetas del F.C. Barcelona.

D
Uno de los museos más visitados de Barcelona es…
- ☐ 1. el museo Gaudí.
- ☐ 2. el museo de historia de la ciudad.
- ☐ 3. el museo del F.C. Barcelona.

E
Los edificios más emblemáticos de Barcelona son de estilo…
- ☐ 1. gótico
- ☐ 2. modernista.
- ☐ 3. renacentista.

F
Cataluña está al ■ de la Península Ibérica.
- ☐ 1. noroeste
- ☐ 2. sur
- ☐ 3. noreste

G
Las cuatro provincias que forman Cataluña son…
- ☐ 1. Tarragona, Badalona, Lérida y Gerona.
- ☐ 2. Reus, Barcelona, Lérida y Gerona.
- ☐ 3. Gerona, Barcelona, Lérida y Tarragona.

H
Además de Barcelona, otro sitio de Cataluña que visitan muchos turistas es…
- ☐ 1. Palma.
- ☐ 2. Valencia.
- ☐ 3. la Costa Brava.

I
El baile más típico de Cataluña es…
- ☐ 1. la sardana.
- ☐ 2. el flamenco.
- ☐ 3. el tango.

J
Baqueira Beret es…
- ☐ 1. un lugar de playa de la Costa Dorada.
- ☐ 2. una estación de esquí de los Pirineos.
- ☐ 3. un volcán muy conocido de Gerona.

8 Completa el crucigrama con las definiciones de abajo.

1. Otra palabra para "idioma" es "__________________".
2. En las empresas siempre hace falta alguien que se ocupe de la __________________, es decir, de la organización del funcionamiento de una empresa. En inglés se dice *management*.
3. Significa emplear dinero en un proyecto / negocio para obtener beneficios: __________________.
4. Si algo es tuyo, puedes decir que te __________________.
5. Pedir una cosa de forma enérgica porque se cree que es necesaria para el desarrollo de otra cosa, también se dice __________________.
6. A muchos catalanes no les gusta ser gobernados por España y quieren un __________________.
7. Cuando avanzas en algo, es decir, cuando eres cada vez mejor, haces algún __________________.
8. Lo que le debes a otra persona es una __________________.
9. El sustantivo de "rico" es "__________________".
10. Para que un país pueda funcionar bien, es necesario que haya buenas carreteras, hospitales y otros servicios e instalaciones. A todo esto se le llama __________________.

ESCUCHAR **9** Vuelve a ver el vídeo de Rush Smith del libro del alumno y marca si las siguientes frases son correctas (V) o no (F). Corrige las que no sean correctas.

Audio 45q5p9

	V	F
a) Los catalanes que son independentistas no se consideran españoles.		
b) Los independentistas son de la opinión de que autogobernarse les saldría mejor en el aspecto económico.		
c) El Gobierno español se muestra muy abierto al diálogo con los independentistas.		
d) Los no independentistas creen que solo los catalanes deberían decidir sobre el futuro de Cataluña.		
e) Los no independentistas también están convencidos de que Cataluña ya tiene muchos derechos de autogobierno.		
f) España todavía tiene muchas deudas desde la crisis económica del 2008. Según los no independentistas, Cataluña debería pagarlas todas.		

ESCRIBIR **10** Aunque no lo dice directamente en el vídeo, Rush Smith, seguramente, tiene una opinión propia sobre el tema. Escribe cuál crees que es y justifica tu respuesta.

11 Completa las palabras del texto con las letras que faltan.

Yo soy Núria, soy de Tarragona y soy bilin___ ___ ___ porque hablo dos leng___ ___ ___: el cata___ ___ ___ y el castell___ ___ ___. Yo estoy acostumbr___ ___ ___ a hablar los dos idio___ ___ ___. Algunas personas no quieren hab___ ___ ___ castellano porque dicen que no quieren perder su identi___ ___ ___ y otros, al contra___ ___ ___, es decir, no quieren hablar cata___ ___ ___. Yo no juz___ ___ nada, pero me par___ ___ ___ que hablar dos idiomas es muy importa___ ___ ___ y que es una tontería que la gente le dé importancia a eso de las leng___ ___ ___ y lo usen en polít___ ___ ___ para marcar diferenc___ ___ ___ entre la gente. Creo que la variedad de lenguas es una riqu___ ___ ___ cultural de nuestra comuni___ ___ ___ autón___ ___ ___, pero cada uno puede deci___ ___ ___ con cuál se siente más cóm___ ___ ___ y usarla.

ESCRIBIR **12** Describe esta viñeta y escribe qué se critica en ella. Puedes usar el diccionario.

→ Describir y analizar una imagen S. 234

5 España desde la Segunda República

Audio und weitere Materialien: df4d5u

ESCRIBIR **1** La Constitución de 1931 se aprobó el 9 de diciembre de 1931 durante la Segunda República y ha servido como base de la Constitución actual española aprobada en 1978. Esta Constitución trajo consigo un gobierno democrático y una gran lista de derechos humanos.
Compara en tu cuaderno la Constitución de 1931 con la anterior, la del 1876.

→ Comparar y contrastar aspectos diferentes S. 236

Vigencia	1931 – 1939
Soberanía	Popular. El poder reside en el pueblo.
Derechos fundamentales	• Libertad de expresión, reunión y asociación • Derecho a la educación • Enseñanza primaria gratuita y obligatoria
División de poderes	El Gobierno necesita el apoyo de las Cortes y del presidente de la República.
Sufragio	Universal, directo, igual y secreto. Todos los ciudadanos pueden ser elegidos independientemente de su sexo y de su estado civil.
Parlamento	Una cámara llamada Cortes o Congreso. Su poder es legislativo.
Forma de gobierno	República democrática de trabajadores de todas clases
Religión	Estado laico: separación de la Iglesia y el Estado
Ideología	Progresista y democrática
Otros datos	• Autonomía de los municipios y regiones • Ley del divorcio • Aprobación del matrimonio civil

Vigencia	1876 – 1931
Soberanía	Compartida entre el Rey y las Cortes
Derechos fundamentales	Reconocimiento teórico de derechos y libertades, que en la práctica fueron limitados o aplazados.
División de poderes	El poder de hacer leyes reside en el Rey.
Sufragio	Sufragio restringido basado en la riqueza A partir de 1890, sufragio universal masculino (hombres mayores de 25 años)
Parlamento	2 Cámaras: Senado y Congreso La Corona tiene el poder ejecutivo, pudiendo nombrar al jefe de Gobierno y a los ministros.
Forma de gobierno	Monarquía hereditaria
Religión	Católica
Ideología	Conservadora
Otros datos	Organización centralista de los ayuntamientos y diputaciones

☆ **2** Desde el comienzo de la Guerra Civil ambos bandos recurrieron a la propaganda para informar e influir en la población. Mira el siguiente cartel y descríbelo.

- ¿Quién está representado en el cartel?
- ¿A qué bando crees que pertenece? ¿Qué colores y elementos se usan?
- ¿Cuál es el mensaje principal del cartel?

→ Describir y analizar una imagen S. 234

ESCRIBIR **3** Norman Bethune, un médico canadiense, vivió de cerca la Guerra Civil. Con ayuda de la siguiente información y de los conectores de las casillas, escribe en tu cuaderno su biografía.

los tiempos de pasado § 15.9

además | a fin de que | a pesar de | así | aunque | como | cuando

debido a | de manera que | donde | igualmente | pero | por eso

porque | sin embargo | sino | también | y

3 de marzo de **1890**	Nace en Gravenhurst (Canadá).
septiembre de **1909**	Empieza la carrera de Medicina en la Universidad de Toronto.
1914	Comienza la I Guerra Mundial. Hace una pausa en sus estudios para ayudar como camillero[1] en el frente occidental.
1916	Vuelve a Toronto y termina sus estudios.
1935	Viaja a la Unión Soviética para conocer su sistema de atención médica. Se convierte en un comunista comprometido con la sociedad y se une al Partido Comunista de Canadá.
1926	Enferma de tuberculosis, pero consigue curarse. Se convierte en un experto en el tratamiento de la tuberculosis.
1936	Empieza la Guerra Civil española. Bethune deja su trabajo para ayudar de forma voluntaria a los republicanos en la Guerra Civil. Se incorpora a los servicios médicos de las Brigadas Internacionales.
1937	El bando nacionalista toma la ciudad de Málaga, una ciudad republicana. Miles de personas huyen a Almería. El bando nacionalista y sus aliados atacan a estas personas por el camino. Bethune va a Málaga para socorrerlos con su estación móvil de transfusión de sangre. Allí vive una de sus experiencias más dramáticas: el crimen de la carretera Málaga-Almería.
1938	Se traslada a Yan'an, en la provincia de Shaanxi, en China. Allí se une a los comunistas chinos liderados por Mao Zedong en su lucha contra los japoneses en la Segunda Guerra chino-japonesa.
1939	Mientras llevaba a cabo una operación de urgencia, se produce una herida en un dedo. La herida provoca una infección en la sangre. Muere el 12 de noviembre a causa de esta infección.

1 el camillero – der Sanitäter

LEER **4** Lee el siguiente fragmento del libro *El crimen de la carretera Málaga-Almería,* en el que Norman Bethune explica lo que vio y vivió en primera persona durante el tiempo en que ayudó a las Brigadas Internacionales.

El crimen de la carretera Málaga-Almería

Imagina ciento cincuenta mil hombres, mujeres y niños que huyen en busca de refugio hacia una ciudad situada a cerca de doscientos kilómetros de distancia. No hay más que un camino. No hay más vía de escape. La ciudad que buscan es Almería, y hay que andar hasta allá cerca de doscientos kilómetros. Y no encontrarán alimento en los poblados por donde pasan, ni trenes ni autobuses para transportarlos. Tienen que caminar mientras que los fascistas los bombardean sin piedad desde los aviones y los cañonean desde el mar.

Lo que quiero contaros es lo que yo mismo vi en esta marcha forzada, la más grande, la más horrible evacuación de una ciudad que hayan visto nuestros tiempos. Habíamos llegado a Almería el miércoles 10, a las cinco de la mañana. Llevábamos de Barcelona un camión con sangre preparada para transfusión con destino a los heridos de Málaga.

En Almería supimos la noticia de la caída de Málaga y nos aconsejaron que no siguiésemos nuestro camino. Salimos por el camino de Málaga, a eso de las seis de la tarde, y a unos cuantos kilómetros nos encontramos con los que encabezaban la desventurada procesión. Venían primero los más fuertes, los que habrían podido transportar sus cosas en burros, mulas y caballos. Los dejamos atrás y, a medida que íbamos avanzando, el espectáculo se hacía más lastimoso. Miles de niños (contamos cinco mil menores de diez años), y por lo menos mil de entre ellos descalzos y cubiertos apenas con un harapo. A ochenta y ocho kilómetros de Almería nos decían que no siguiéramos más adelante, porque allí detrás venían ya los fascistas. Habíamos visto tantas mujeres y tantos niños angustiados, que resolvimos regresar para dedicarnos a transportar a los más desvalidos.

Imaginemos lo que serían cuatro días de andar escondiéndose en las montañas, perseguidos por los aviones de los bárbaros fascistas, y cuatro noches de caminar en grupo compacto hombres, mujeres, niños, mulas, burros y cabras, tratando de mantenerse juntas las familias, llamándose por el nombre propio, buscándose en las sombras.

¿A quién íbamos a subir al coche? Decidimos llevarnos a los niños y a las madres, pero sufrían tanto al separarse padre e hijo, marido y mujer, que

resolvimos transportar a las familias que tuviesen más niños, y a los niños sin padres, que eran incontables. Llevábamos treinta o cuarenta personas en cada viaje, y trabajamos así tres días y tres noches. En el hospital del Socorro Rojo Internacional de Almería, los refugiados recibían atención médica, alimento y ropa.

Oíd ahora el final. Como si no fuese bastante haber bombardeado y cañoneado a esa procesión de campesinos inermes a lo largo de su caminata interminable, el día 12 de febrero, cuando el pequeño puerto de Almería estaba atestado de gente refugiada, cuando la población se había duplicado, cuando aquellas cincuenta mil personas habían llegado al sitio que creían un abrigo seguro, los aeroplanos fascistas, alemanes e italianos, desataron sobre la población un bombardeo. La sirena de alarma sonó treinta segundos antes de que cayera la primera bomba. Deliberadamente arrojaron diez bombas en el centro mismo de la ciudad, en la calle principal, donde dormían exhaustos los refugiados.

¿Qué crimen habían cometido estos hombres de la ciudad para ser asesinados de modo tan sangriento? Su único crimen había sido el de votar por un gobierno del pueblo. Alguien pregunta por qué no se quedaron en Málaga a esperar la entrada de los fascistas. Porque bien sabían lo que había de sucederles. Bien sabían lo que habría de ser de sus hombres y de sus mujeres, puesto que ya ha sucedido muchas veces en otras ciudades capturadas por ellos. Todos los hombres de quince a sesenta años que no pudiesen probar que se les había forzado a apoyar al Gobierno legítimo, serían fusilados sin más trámite. Por eso, dos terceras partes de la población de España se ha concentrado en la mitad del territorio que está amparado por el Gobierno de la República.

5 la vía de escape – la salida; **10 sin piedad** – gnadenlos; **11 cañonear a alguien** – jdn mit Kanonen beschießen; **23 encabezar** – dirigir; **24 desventurado** – miserable; **26 el burro** – der Esel; **26 la mula** – der Maulesel; **30 descalzo** – sin zapatos; **31 el harapo** – der Lumpen; **34 angustiado** – que tiene miedo; **36 desvalido** – schutzlos; **58 atestado** – lleno; **61 el abrigo** – *hier:* el lugar; **63 desatar** – entfesseln; **65 deliberadamente** – absichtlich; **71 sangriento** – cruel

☆ **5** Busca en el texto la información que se da sobre…

a) los refugiados.

b) las causas de la huida.

c) las Brigadas Internacionales.

d) el bando nacionalista y sus aliados.

☆ **6** Explica qué quieren decir estas frases: "¿Qué crimen habían cometido estos hombres de la ciudad para ser asesinados de modo tan sangriento? Su único crimen había sido el de votar por un gobierno del pueblo".

ESCRIBIR ☆ **7** Norman Bethune trabajó como médico voluntario en las Brigadas Internacionales. Escribe en tu cuaderno un comentario sobre si tú podrías haber sido un miembro de las Brigadas y si serías capaz de luchar por un país que no es el tuyo.

→ Escribir un comentario S. 238

LEER **8** Lee este fragmento de la novela *Canto Rodado* de María Barbal.

Canto rodado

A mediodía llamaron a la puerta y preguntaron por "la esposa y los hijos de Jaume Camps". Tía contestó a todo con aplomo. Yo solo obedecí. Que tenía que subir al camión con mis hijos. Que podíamos llevar algo de comida. Que deprisa. Tía, en el último momento, le dio un colchón a Elvira. A mí me pareció una exageración, pero no abrí la boca. Miraba las armas y a aquellos mozos altos y fuertes. Y todo sin saber nada de él, de Jaume. Habían venido a buscarlo al despuntar el día. Yo aún estaba en la cama. Tres golpes secos y fuertes en la puerta. "Casa de... "nombre completo" juez de paz del pueblo de Pallarés de la República... que nos acompañe". Vete, Jaume, hazme caso. He oído decir que irán a por todos los que os habéis significado en algo. Desde que han matado a la guardia del puente de Algorri, buscan la revancha. Y Jaume: "No he hecho daño a nadie y no tengo por qué esconderme". Ahora, en el camión, se me acerca Mundeta de Sarri. Me dice que nos llevan a Montsent, ¿qué será de nosotras? Se le había llevado al hijo, también por la mañana. Mundeta es una mujer mayor, tiene los cabellos blancos y sus ojos muy cansados. Nos meten en la cárcel de Montsent. Ni siquiera sabía dónde estaba. Lo peor es no saber qué ocurre.

Elvira se mueve, incluso habla con los carceleros. La mayoría son jóvenes, como ella. Hace lo que yo soy incapaz de hacer.
Todas somos mujeres y niños. Quince por lo menos. Tenemos algo en común: nos han arrebatado a alguien.
Desde nuestra zona, que ya había sido tomada por los nacionales, algunas familias querían pasar al otro lado del río que todavía era zona roja, solo había que cruzar el puente de Algorri. Una vez liquidada la guardia, el camino quedó libre, anoche. Para conseguir la orden de detención contra los nuestros, dicen que consultaron a las familias ricas del valle y que algún cura también ha dado nombres.
¿Tan malos somos, Dios mío, para merecer tanto sufrimiento?

2 la esposa – die Ehefrau; **2 la tía** – die Tante; **3 el aplomo** – die Selbstsicherheit; **3 obedecer** – gehorchen; **6 el colchón** – die Matratze
7 la exageración – die Übertreibung; **7 la boca** – der Mund; **8 el mozo** – der Bursche; **10 despuntar** – anbrechen; **11 el golpe seco** – der dumpfe Schlag;
12 el juez de paz – der Friedensrichter; **14 hacer caso** – beachten; **18 hacer daño** – Schaden zufügen; **18 esconderse** – sich verstecken
24 la cárcel – das Gefängnis; **30 arrebatar** – entreißen; **35 cruzar** – überqueren; **36 liquidar** – umbringen; **39 el valle** – das Tal

9 En el texto se cuenta la historia con saltos temporales. Pon las frases en orden cronológico.

- ☐ La mujer de Jaume le pide que escape.
- ☐ Jaume es detenido.
- ☐ Jaume decide no esconderse porque está seguro de que no ha hecho nada malo.
- ☐ Alguien da el nombre de Jaume para que lo detengan.
- ☐ La mujer de Jaume y sus hijas llegan a la cárcel.
- ☐ Unos soldados se llevan a la mujer y a los hijos de Jaume.

10 Contesta las siguientes preguntas sobre la novela.

a) ¿Quiénes son los nacionales?

___

___

___

b) ¿Qué quiere decir la expresión "zona roja"?

____

____

c) ¿Por qué los nacionales consultaron a las familias ricas del valle?

____

____

____

d) ¿Qué interés podía tener algún cura en dar nombres de personas que estaban en contra de los nacionales?

____

____

ESCRIBIR **11** Haz un resumen del fragmento de la novela en tu cuaderno con ayuda de las expresiones.

Expresiones

El texto	comprende… / se compone de… / se divide en…	partes (*f.*). / párrafos. / fragmentos.	El autor	explica por qué… / describe… / critica… / analiza el problema de…
En este texto, el autor cuenta	la historia de… / cómo…			Primero… / al principio… / a continuación… / después… / entonces… / luego… / para terminar… / al final… / por último…

ESCUCHAR **12** Escucha el siguiente reportaje sobre la Transición española y elige la respuesta correcta.

Audio df4d5u

a) España comenzó la Transición…

☐ 1. el 20 de noviembre de 1975.

☐ 2. el 22 de noviembre de 1975.

b) La Transición era…

☐ 1. deseada por muchos.

☐ 2. temida por todos.

c) El presidente del Gobierno, Carlos Arias Navarro…

☐ 1. fue el primer presidente elegido democráticamente.

☐ 2. procedía del último gabinete franquista.

d) Adolfo Suárez…

☐ 1. jugó un papel muy importante durante la Transición.

☐ 2. fue el segundo presidente elegido democráticamente.

e) La reforma política de Adolfo Suárez…

☐ 1. necesitó la aprobación de los franquistas.

☐ 2. fue rechazada por los franquistas.

f) El referéndum sobre la Ley para la Reforma Política fue…

☐ 1. la primera votación democrática en España.

☐ 2. la primera votación democrática tras la guerra.

ESCUCHAR **13** Escucha la segunda parte del reportaje y completa estas frases con tus palabras.

Audio df4d5u

a) En el referéndum sobre la Ley para la Reforma Política participaron ______

b) El 15 de diciembre de 1976 ______

c) Casi un 95% de los votantes ______

d) El 15 de junio de 1977 ______

LEER **14** Lee el texto de la canción *Todos los nombres* de la cantautora sevillana Lucía Sócam y explica el tema en pocas palabras.

Todos los nombres

En una fosa común
en la memoria del olvido,
quieren borrar tu nombre
como si no hubieses existido.
Ya mataron tus esperanzas,
dejaron huérfanos a tus hijos,
pero no pudieron segar
la dignidad como principio
de todos los hombres y mujeres
que en huesos se han convertido.
Todos los hombres y mujeres
tienen nombres y apellidos,
y cada uno una historia de sueños
que no queden en el olvido.
Todos los hombres y mujeres
tienen nombres y apellidos.
Los hombres y las mujeres
que cometieron el delito
de defender la libertad
quieren volar al infinito.
No matarán tus esperanzas,
tú sigues en mis recuerdos.
Que tu cuerpo ya descansa,
pero tu alma nunca ha muerto.

15 Teniendo en cuenta el tema de la canción, comenta qué música (ritmo, instrumentos…) le pondrías a la canción.

ESCUCHAR **16** Escucha la canción en Internet y comenta si la música es como esperabas.

17 Explica cuál sería la opinión de la autora sobre la Ley de Amnistía. Justifica tu respuesta.

ESCUCHAR **1** Escucha el discurso del escritor Jordi Sierra i Fabra y elige la opción correcta.

Audio kh3rq2

a) Jordi Sierra i Fabra…
1. ☐ viene de familia humilde.
2. ☐ solo era tartamudo de niño.
3. ☐ no le gustaba la televisón.

b) Ya de niño le gustaba leer y leía…
1. ☐ en la biblioteca del colegio.
2. ☐ en casa de sus vecinos.
3. ☐ libros de segunda mano.

c) A Jordi Sierra i Fabra su padre…
1. ☐ no le permitía escribir.
2. ☐ lo animaba a escribir.
3. ☐ le pagó clases de escritura.

d) A Sierra i Fabra en la escuela…
1. ☐ sus profesores lo despreciaban por ser tartamudo.
2. ☐ sus compañeros siempre lo trataron bien.
3. ☐ le ponían buenas notas en Literatura.

e) Una vez, en clase de Lengua, le pusieron mala nota…
1. ☐ porque tenía una única falta de ortografía.
2. ☐ porque el tema de su redacción era un marciano.
3. ☐ sin motivo.

f) El escritor les aconseja a los jóvenes que…
1. ☐ hagan lo que realmente desean.
2. ☐ escuchen los consejos de sus padres.
3. ☐ piensen en el dinero para el futuro.

ESCRIBIR **2** Busca en Internet información sobre la trayectoria de Jordi Sierra i Fabra y redacta un artículo en el que expones por qué su historia es un ejemplo de superación.

3 Di, con ayuda de la siguiente lista de adjetivos, qué características (no) tiene que tener para ti un amigo. Usa el diccionario si lo necesitas. Compara tu lista con la de tu compañero.

alegre · ambicioso, -a · antipático, -a · callado, -a · caprichoso, -a · cruel · curioso, -a · despierto, -a · divertido, -a · encantador, -ora · estricto, -a · fuerte · gracioso, -a · ingenuo, -a · íntegro, -a · inteligente · listo, -a · majo, -a · malo, -a · mentiroso, -a · nervioso, -a · paciente · pesado, -a · serio, -a · simpático, -a · tímido, -a · torpe · tranquilo, -a · vago, -a · valiente · vanidoso, -a · violento, -a

→ Trabajar con un diccionario S. 249

Quiero que sea...	Quiero que no sea...

4 Algunas expresiones del español usan animales para describir a personas. Une las siguientes expresiones con su definición. Después di si existen en tu idioma.

Es alguien...	
cobarde y que tiene mucho miedo.	A
muy fuerte y que tiene muy buena salud.	B
que actúa de forma rara o está loco.	C
que no sabe o no conoce algo.	D
muy sucio u ofensivo con los demás.	E
muy trabajador y ahorrador.	F
que se siente muy cómodo en una situación.	G
que tiene muy mal humor.	H
muy importante o con mucho poder.	I
que no es muy inteligente.	J
que sospecha de algo.	K

	1	estar como una cabra
	2	ser un / una cerdo, -a
	3	ser una hormiguita
	4	ser un pez gordo
	5	estar como pez en el agua
	6	ser un gallina
	7	estar como un toro
	8	ser un / una burro, -a
	9	estar de un humor de perros
	10	estar pez
	11	estar mosca

5 Completa el crucigrama con los verbos de las casillas. Puedes usar el diccionario. La solución del crucigrama es el campo semántico al que pertenecen todos los verbos.

admirar | apasionar | asustar | dar lástima | echar de menos | entristecer | entusiasmar | estar confuso | fascinar | inquietar | preocupar | satisfacer | temer

a) Causar compasión a alguien.
b) Provocar una sensación de miedo a alguien.
c) Estar muy emocionado porque algo te gusta mucho.
d) No saber qué pensar, qué decir o qué hacer.
e) Tener miedo ante algo o alguien.
f) Tener una impresión muy positiva de algo o alguien y sentir estima por ese motivo.
g) Pensar en algo que se cree que puede ser negativo y que produce intranquilidad.
h) Contentar, cumplir con lo que se espera.
i) Poner nervioso, intranquilizar.
j) Gustar algo mucho.
k) Provocar una atracción irresistible.
l) Extrañar o sentir la falta de alguien o algo.
m) Causar tristeza o pena.

Solución: ______________________________

el subjuntivo en las subordinadas de sustantivo § 17.6

6 Completa las frases sobre las inquietudes de los jóvenes con el verbo en subjuntivo o infinitivo.

a) Los jóvenes de antes temían que sus padres no les ____________ (**dejar**) salir a jugar a la calle.

b) A la mayoría les enfada que los gobiernos no ____________ (**actuar**) para ayudar al medio ambiente.

c) Al 40% de los jóvenes les asusta no __________ (**tener**) un buen trabajo en el futuro.

d) A un gran número de jóvenes les preocupa que a su familia le _________ (**pasar**) algo malo.

e) Los chicos de hoy en día prefieren _____________ (**quedarse**) en casa y estar en Internet.

MEDIACIÓN **7** Eine spanische Freundin, die an den Demonstrationen des Weltfrauentages teilgenommen hat, möchte wissen, was die deutschen Medien über die Demonstrationen in Spanien und über die Situation der Frau im Land sagen. Du hast diesen Artikel vom *Deutschlandfunk* gefunden. Schreibe ihr eine E-Mail und beantworte ihre beiden Fragen. Du kannst das Wörterbuch benutzen. → Mediación S. 246

Gewerkschaften | **Weltfrauentag** | Gleichstellung | Frauenverbände

Der Streik der Spanierinnen

Schlechte Chancen auf der Karriereleiter und Diskriminierung am Arbeitsplatz – der Unmut ist groß in Spaniens weiblicher Arbeitnehmerschaft. Gewerkschaften rufen daher heute am Weltfrauentag zu Arbeitsniederlegungen auf. Dabei haben die Spanierinnen bei ihrem Kampf um Gleichberechtigung durchaus schon einiges erreicht.

von Hans-Günter Kellner

[…] Die beiden größten Gewerkschaften rufen dazu auf, die Arbeit für zwei Stunden am Morgen und für zwei Stunden am Abend niederzulegen. Eine anarchistische Gewerkschaft hat sogar zu einem ganztägigen Streik aufgerufen. Doch auch Frauen, die nicht streiken, sagen: Gerade am Arbeitsplatz ist die Benachteiligung gegenüber Männern immer noch groß. María arbeitet bei einem der größten börsennotierten Unternehmen Spaniens. Theoretisch verdienen dort Männer und Frauen das gleiche. Und doch konstatiert sie:
„Am problematischsten sind die Beförderungen. Da zählen weder erbrachte Leistungen, Leistungstests noch die Qualifikation. Da zählt nur die Entscheidung des Chefs. Er sagt dann, dass er diese oder jene Person auswählt, weil er denkt, dass er den Job am besten macht. Und er befördert natürlich immer einen Mann. Obwohl andere Bewerberinnen häufig deutlich besser qualifiziert sind."

Oft werde über solche Fragen in den lockeren Zigarettenpausen oder beim Mittagessen entschieden, in denen die Männer unter sich seien, meint sie. Auf Nachfragen werde dann erklärt, Frauen bekämen Kinder, seien dann nicht so leistungsbereit wie Männer. Aber auch sie, die keine Kinder habe, habe trotz ihrer guten Qualifikation keine Chance, sagt die Angestellte, die schon seit 20 Jahren im Unternehmen ist.

Im Büro der Stiftung Frau laufen unterdessen die Vorbereitungen auf die große Kundgebung am Abend in Madrid auf Hochtouren. Die Diskriminierung am Arbeitsplatz ist in diesem Jahr das Hauptanliegen, sagt Sprecherin Marisa Soleto:
„In der mittleren Führungsebene stoßen die Frauen an die sogenannte Gläserne Decke. Wir wissen nicht warum, aber sie kommen in der Karriere nicht weiter. Die Unternehmen funktionieren schlecht, ihre Regeln ermöglichen es den Männern, weiterzukommen, aber nicht den Frauen. Das bedeutet, die weiblichen Talente gehen verloren, was zu Verlusten für die Unternehmen führt – weil Frauen benachteiligt werden."

[…] Allerdings: Den Statistiken der Europäischen Union zufolge hat Spanien bei der Gleichstellung enorm aufgeholt: So verdienen die Spanierinnen im Schnitt zwar immer noch fast 15 Prozent weniger als ihre männlichen Kollegen. Bei deutschen Frauen liegt der Einkommensunterschied demzufolge aber sogar bei über 20 Prozent. Auch bei der Bekämpfung der Gewalt gegen Frauen hat Spanien mehr erreicht als andere. Und wer spanische Medien beobachtet, stellt fest: Die Angelegenheiten der Frauen sind, anders als in vielen anderen europäischen Ländern, ins Zentrum der öffentlichen Debatte gerückt.
Doch Marisa Soleto sieht keinen Grund zur Zufriedenheit:
„Die Frauen haben in Spanien in den letzten Jahrzehnten sehr viel erreicht. In manchen Punkten sind wir sogar ausgesprochen fortschrittlich. Aber jetzt wollen wir die tatsächliche Gleichstellung. Es reicht nicht mehr, zu hoffen, dass die Situation nach und nach immer besser wird. Die jungen Frauen wollen nicht mehr warten. Und wir, die Frauenverbände, haben erreicht, dass die Gesellschaft uns versteht und unsere Demonstrationen auch unterstützt."

Medien rücken Frauen ins Zentrum

Mit diesem Jingle beginnt jeden Abend um 20 Uhr das Abendprogramm beim Privatsender Cadena Ser, dem meistgehörten Informationsradio in Spanien. Angels Barceló analysiert in ihrer meist dreieinhalbstündigen Sendung das politische Tagesgeschehen. Allerdings nicht am Weltfrauentag. Denn auch sie bekennt sich zum Streik. Es sind vor allem die Medien, die Frauenthemen in Spanien immer wieder auf die Agenda setzen. Angst, sich damit in den Dienst einer vermeintlich guten Sache zu stellen, haben die Journalisten trotzdem nicht. Auch nicht Angels Barceló:

„Feminismus ist keine ideologische Frage. Ich sage am Mikrofon nie, welche Partei ich wähle. Ich analysiere die Politik. Aber dieser Streik hat nichts mit Links oder Rechts zu tun. Es geht um die Rechte von Frauen. Darum streike und demonstriere ich morgen. Die Gleichstellung von Männern und Frauen ist im Alltag längst noch nicht erreicht. Meine Arbeitswelt ist von Männern dominiert. Wir Frauen haben weniger Chancen, in Schlüsselpositionen aufzusteigen, wir verdienen weniger, wir werden sexuell bedrängt. Da kann ich nicht nur zusehen." [...]

ESCUCHAR **8** Vas a escuchar unos *podcasts* en los que se habla de lo que ha logrado el feminismo y de lo que todavía falta para conseguir la igualdad entre hombres y mujeres. Relaciona las personas con el resumen de lo que dicen (A – G). Hay dos temas que no necesitas, márcalos con una X. → Comprender un texto auditivo S. 220

Audio kh3rq2

Persona 1
Persona 2
Persona 3
Persona 4
Persona 5

	A	A pesar de los logros, las mujeres con discapacidad tienen que seguir luchando.
	B	Hay que concienciar y convencer de la igualdad a la sociedad y a las empresas.
	C	Para alcanzar la igualdad en todos los ámbitos de la vida, es necesaria la colaboración de los hombres.
	D	La sociedad ha cambiado positivamente, pero debería adoptar más valores tradicionalmente femeninos para ser más justa.
	E	Los avances que ha logrado el feminismo hubieran sido impensables hace 50 años.
	F	Ha aumentado la representación femenina en el mundo laboral, aunque las mujeres continúan ganando menos que los hombres.
	G	Hay que consolidar la igualdad porque es la única forma de conseguir una sociedad más justa.

ESCRIBIR **9** Escribe un comentario sobre en qué ámbitos se ha avanzado en los derechos de las mujeres en tu país y dónde falta todavía mucho. → Escribir un comentario S. 238

ESCUCHAR **10** La generación E hace referencia a los jóvenes que pasan del mundo académico al laboral y buscan un primer empleo. La letra E se refiere a "emprendedor", a esos jóvenes que son decididos y tienen iniciativa. Una cadena de radio hizo un reportaje sobre unas jornadas que se hicieron para esta generación. Después de entrevistar a una de las asistentes a estas jornadas, la reportera cuenta lo que se habló en ellas.
Escucha el audio y marca con una cruz la respuesta correcta. A veces hay más de una.

Audio kh3rq2

→ Comprender un texto auditivo S. 220

a) La mayoría de los participantes…

1. ☐ son aficionados a la lectura.
2. ☐ encontraron herramientas para enfrentarse al mundo laboral.
3. ☐ eran chicas con formación universitaria.

b) Los chicos fueron a estas jornadas…

1. ☐ buscando herramientas para empezar la vida laboral.
2. ☐ para familiarizarse con el mundo universitario.
3. ☐ porque necesitan ayuda para hacer frente a esta nueva etapa en su vida.

11 Escucha otra vez el reportaje y escribe la información correcta.

a) En el reportaje se dice que las empresas buscan personas con unas características específicas. Menciona, al menos, tres características diferentes.

____

____

____

____

b) Escribe, al menos, tres consejos de los que se dan a los jóvenes.

____

____

____

____

____

c) Apunta qué es lo más importante que debe contener un currículum para las redes sociales.

____

____

d) La consultora de selección explicó la importancia que tiene presentarse bien en las redes sociales. Apunta el motivo.

____

____

12 Antes de escuchar el *podcast* "Me gusta ser joven" del libro del alumno, explica qué significa el concepto "nativo digital" y a quién lo asocias.

____

____

____

____

13 Completa con las palabras de las casillas el contrario de cada adjetivo. Puedes usar el diccionario.

crédulo, -a | dócil | inestable | irresponsable | nervioso, -a | pesimista

a) rebelde → ______________

b) optimista → ______________

c) concienciado, -a → ______________

d) paciente → ______________

e) seguro, -a → ______________

f) escéptico, -a → ______________

ESCRIBIR **14** Después de escuchar este *podcast*, di si te sientes identificado con la generación de la que se habla en el *podcast*. Justifica tu respuesta.

____

____

____

____

____

____

____

____

____

____

15 Después de escuchar el *podcast* del libro del alumno, escribe al menos tres propuestas que harías para conseguir mejoras en los siguientes ámbitos.

Estilo de vida saludable	Ecología	Equiparación entre géneros
• ______________	• ______________	• ______________
• ______________	• ______________	• ______________
• ______________	• ______________	• ______________
• ______________		

16 Vuelve a escribir las siguientes frases. Usa las expresiones impersonales de las casillas.

se + verbo | uno + verbo | hay que + infinitivo

a) En la actualidad todas las personas dan mucho valor a la formación académica.

____

b) Cuando eres joven, tienes que esforzarte mucho para conseguir tus sueños.

____

____

____

c) Si entiendes a las nuevas generaciones, puedes hacer programas para ayudarlos a alcanzar sus metas.

____

____

____

d) Tenemos que luchar contra el aumento de los síntomas de depresión y estrés entre los jóvenes.

____

____

17 Antes de hacer el debate de la página 126 del libro del alumno, numera las siguientes expresiones dependiendo de cuándo las utilizas. Puedes usar el diccionario.

1 Cuando quiero dar mi opinión.

2 Cuando quiero expresar acuerdo.

3 Cuando no estoy completamente de acuerdo.

4 Cuando no estoy de acuerdo.

5 Cuando quiero dar más información.

6 Cuando quiero volver a decir algo.

7 Cuando argumento mi opinión.

	Además, …		Mantengo que…		Por lo tanto, …
	Asimismo, …		Me parece bien…		Por otra parte, …
	Cabe añadir…		Me parece muy buena idea que…		Por una parte, …
	Claro, es evidente que…		Me parece que…		Puede ser, pero…
	Dudo que…		No entiendo que…		Quiero subrayar que…
	En cualquier caso, …		No, no estoy de acuerdo.		Repito que…
	En mi opinión…		No estoy seguro, -a de que…		Sí, es verdad, pero…
	Estoy totalmente de acuerdo…		No. No es verdad que…		Sí, estoy de acuerdo, pero…
	Insisto en que…		Pienso que…		También…

7 Venezuela

1 Venezuela es un país fascinante con hermosos paisajes, pero también hay cosas del país que seguro no conocías. Lee los textos y complétalos con las palabras de las casillas.

arañas | climas | conquista | duración | edificios | fenómeno meteorológico | geografía | minuto | países | patas | producción | reputación | río | serpiente

A

El relámpago de Catatumbo es un ______________ ______________ que aparece en la cuenca del lago de Maracaibo. Se trata de varios relámpagos (de 18 a 60 relámpagos por ______________) en diferentes sitios cada noche, pero desde lejos parece que es solo un relámpago muy grande. Este fenómeno ocurre de abril a noviembre, y su ______________ es de 8 a 10 horas.

B

En este país también vive una de las especies de ______________ más grandes del mundo: la *Theraphosa blondi*. Sus ______________ extendidas pueden llegar a medir de 28 a 30 cm. También se encuentra en Brasil y Guyana.

C

Venezuela tiene todos los ______________ del mundo en su ______________: bosque húmedo, árido, semiárido, templado, páramo, llanos, nieves perpetuas, desierto tropical, selva y sabana.

D

El cacao de Venezuela (*Theobroma Cacao*) se ha ganado la ______________ de ser uno de los mejores cacaos del mundo. Este fruto ya se cultivaba mucho antes de la ______________ española. Las condiciones climáticas y geográficas de Venezuela hacen que sea el lugar perfecto para la ______________ de este fruto.

E

La ______________ más grande y pesada del mundo es la Anaconda del Orinoco. Le gustan las aguas tranquilas, por lo que habita, principalmente, en la cuenca del ______________ Orinoco, aunque se puede encontrar en otros ______________ tropicales.

F

Venezuela es el sexto país con más rascacielos de Latinoamérica. La mayoría de estos ______________ están en Caracas. Estos rascacielos se encuentran en diferentes áreas de la ciudad y empezaron a construirse en los años 50.

ESCRIBIR **2** Escribe qué información del texto te ha sorprendido más y qué te gustaría ver algún día y por qué.

____

____

____

____

3 Completa el crucigrama con la traducción de las palabras de abajo.
Las palabras de las casillas amarillas te dan la palabra escondida.

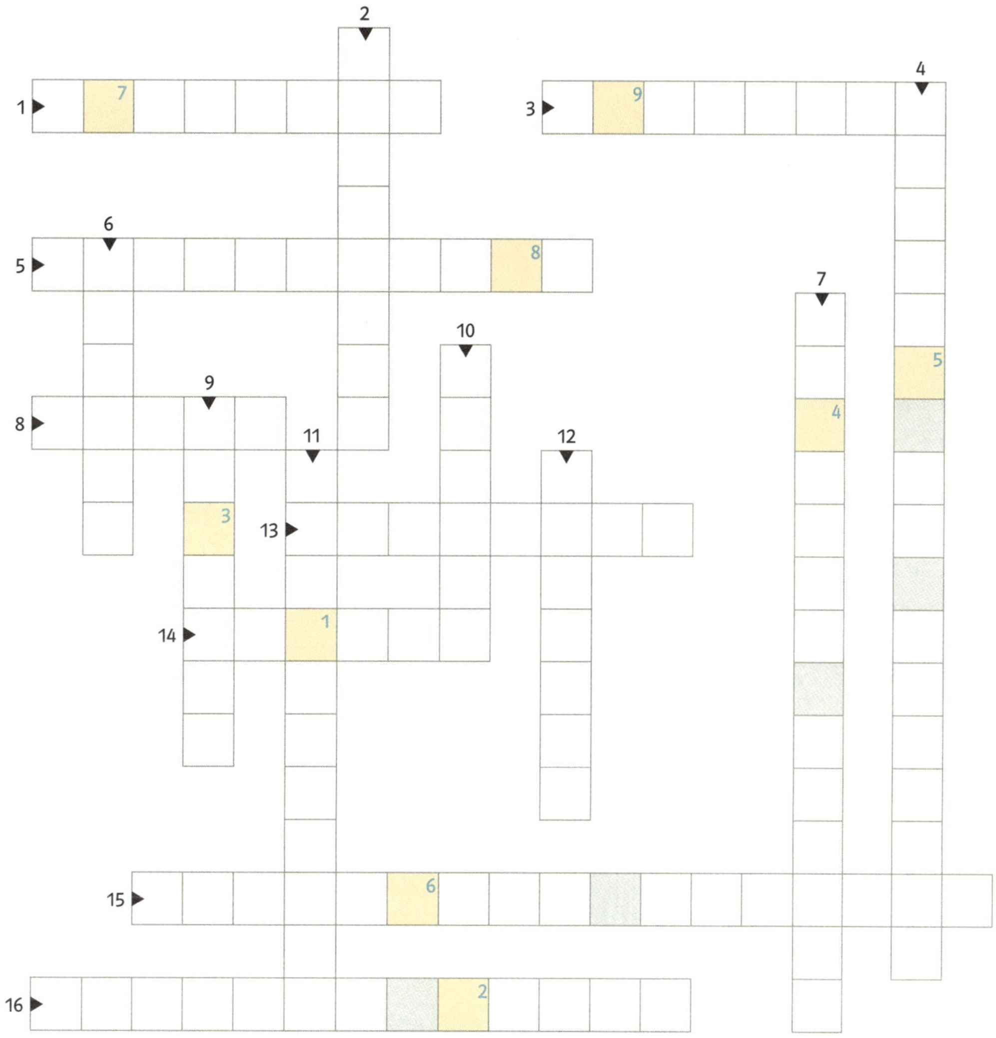

1 ▶ Geldscheine
2 ▼ rentabel
3 ▶ Einkommen
4 ▼ Preisanstieg
5 ▶ Import
6 ▼ Währung
7 ▼ Mindestlohn
8 ▶ Schulden / Verschuldung
9 ▼ Defizit
10 ▼ Güter
11 ▼ Ungerechtigkeit / Ungleichkeit
12 ▼ Firma
13 ▶ Wirtschaft
14 ▶ Krise
15 ▶ Produkte des täglichen Bedarfs
16 ▶ Schwarzmarkt

Palabra escondida:

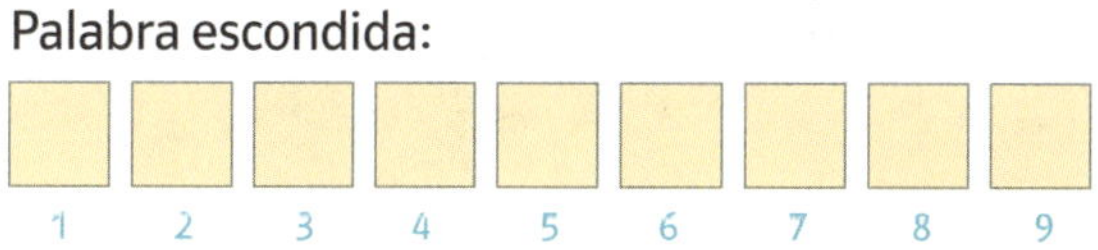

MEDIACIÓN **4** Auf einer Homepage zum Sprachenlernen hast du Julio César, einen venezolanischen Jungen, kennengelernt, der sich sehr für die deutsche Geschichte interessiert. Er möchte wissen, ob es in Deutschland einmal eine ähnliche Krise wie die aktuelle in Venezuela gegeben hat. Bei der Suche im Internet hast du diesen Text über die deutsche Krise von 1923 gefunden. Schreib ihm eine Mail über das, was in Deutschland 1923 geschah. Du kannst das Wörterbuch benutzen.

→ Mediación S. 246

Die Hyperinflation von 1923

von Gregor Delvaux de Fenffe

Eine schwere Bewährungsprobe erwartete die junge Weimarer Republik im Schicksalsjahr 1923. Deutschlands Wirtschaft lag in Scherben, der Staat war pleite. Um dennoch seinen Zahlungsverpflichtungen nachzukommen, wurde die Notenpresse angeworfen, bis sie heiß lief: In Deutschland explodierte die Inflation.

Wer bezahlt den Krieg?

Die Inflation 1923 war eine Spätfolge des Ersten Weltkriegs, eine Blase, die fünf Jahre nach der Kapitulation endgültig platzte. [...]
Der Erste Weltkrieg verschlang enorme finanzielle Ressourcen. Geld, das das Deutsche Reich nicht besaß. [...]
Die deutsche Reichsleitung war davon überzeugt, den Krieg zu gewinnen. Die Zeche des Krieges sollte dann der besiegte Gegner zahlen – eine Rechnung, die nicht aufging. [...] Das besiegte Deutschland geriet daher im Versailler Friedensvertrag ins Visier enormer Schadensersatzforderungen.

Traumatische Inflation

[...] Das Deutsche Reich stand also wirtschaftlich mit dem Rücken zur Wand. Es musste das kriegsgeschüttelte Land wieder aufrichten, Kriegsanleihen an die eigene Bevölkerung zurückzahlen und Geld für die Reparationsleistungen aufbringen. Als die Franzosen im Jahr 1923 wegen verspäteter Reparationszahlungen das Ruhrgebiet besetzten, verschärfte sich die Lage. Die deutsche Regierung rief zum passiven Widerstand, zu Sabotage und Streik auf. Im Gegenzug zahlte sie die Löhne an die Streikenden weiter. [...] Deutschland geriet in den Strudel der dramatischsten Geldentwertung, die das Land je erleben sollte.

Um seinen Zahlungsverpflichtungen nachzukommen, brachte die Regierung mehr und mehr Geld in Umlauf, auch wenn es für die immer höhere Anzahl Banknoten keine materiellen Gegenwerte im Land gab.
Dadurch begann der Teufelskreis der Inflation. Immer mehr Geld war bald immer weniger wert, Preise und Löhne explodierten. [...]
[...] Viele Läden bunkerten ihre Bestände und Vorräte und entzogen sie dem unkontrollierbaren Warenverkehr, an dem sie nicht mehr verdienen konnten. Die Inflation explodierte.

Beispiele für den Preisverfall

Am 9. Juni 1923 kostete in Berlin:
1 Ei – 800 Reichsmark
1 Liter Milch – 1440 Reichsmark
1 Kilo Kartoffeln – 5000 Reichsmark
1 Straßenbahnfahrt – 600 Reichsmark
1 Dollar entsprach 100.000 Reichsmark.

Am 2. Dezember 1923 kostete in Berlin:
1 Ei – 320 Milliarden Reichsmark
1 Liter Milch – 360 Milliarden Reichsmark
1 Kilo Kartoffeln – 90 Milliarden Reichsmark
1 Straßenbahnfahrt – 50 Milliarden Reichsmark
1 Dollar entsprach 4,21 Billionen Reichsmark.

Schubkarren voller Geld

Die Menschen rechneten bald in Bündeln statt Scheinen. Geld wurde in Schubkarren transportiert, Bündel als Heizmaterial zweckentfremdet, die Rückseite als Schmierpapier benutzt. Die Inflation geriet zum deutschen Trauma.

Über Nacht waren alle, oft vom Munde abgesparten Rücklagen weggeschmolzen. Die Wechsel für die Kriegsanleihen an den Staat waren wertlos. Es war also die deutsche Bevölkerung, die die Lasten und Schulden des Ersten Weltkriegs schließlich bezahlte.

Größter Profiteur war der Staat. Seine gesamten Kriegsschulden in Höhe von 154 Milliarden Mark beliefen sich, als am 15. November 1923 die neue Währung Rentenmark eingeführt wurde, auf gerade einmal 15,4 Pfennige.

Ende mit Schrecken

Auf dem Höhepunkt der Inflation wurde im November 1923 eine neue Währung geschaffen: die Rentenmark, ab Oktober 1924 schließlich die Reichsmark. Die alte Währung wurde abgeschafft.

Angesichts der katastrophalen wirtschaftlichen Folgen der Inflation überdachten die Alliierten ihre Politik gegenüber dem Deutschen Reich. Sie erkannten, dass nur ein wirtschaftlich erstarkendes, gesundes Deutschland umfassende Reparationszahlungen leisten konnte.

Besonders durch die Hilfe der Amerikaner konnte die neue Währung stabilisiert werden. Der Amerikaner Charles Dawes entwickelte eine Art Marshallplan der Weimarer Zeit und Mitte der 1920er Jahre erholte sich die Wirtschaft.

LEER **5** Lee el siguiente fragmento de la novela de Karina Sainz Borgo, *La hija de la española*, sobre la situación de Venezuela y contesta las preguntas. → Comprender un texto literario S. 222

La hija de la española

Oí disparos. Igual que el día anterior, y el anterior a ese y el anterior del anterior a ese. [...] Desde el escritorio junto a la cristalera de mi habitación noté que los apartamentos de los edificios vecinos estaban a oscuras. Lo normal era que no hubiese luz eléctrica en la ciudad, por eso me extrañó que mi casa tuviese energía y el resto no. "Aquí pasa algo", pensé. Apagué el flexo inmediatamente. Entonces comenzaron a sonar golpes secos donde Ramona y Carmelo, los del piso de arriba. Muebles que chocaban. Sillas y mesas arrastradas de un lado a otro. Llamé por teléfono. Nadie contestaba. [...]

Pensé en un robo, pero cómo, si nadie había alzado la voz. Me asomé a la ventana del salón. Un contenedor ardía en medio de la avenida. El viento arrastraba aún los billetes que los vecinos acudían a quemar en grupo. Gente flaca y ceniza que se reunía para alumbrar la ciudad con su pobreza.

Estaba a punto de volver a marcar el número de Ramona cuando vi salir del portal a un grupo de hombres vestidos con el uniforme de la inteligencia militar. Eran cinco, con armas largas colgadas del hombro. En las manos llevaban un microondas y la torre de un ordenador de mesa. Otros arrastraban un par de maletas. No supe si estaba ante un allanamiento, un robo o las dos cosas a la vez.

Los sujetos se montaron en un furgón negro y se alejaron rumbo a la esquina de Pelota. Cuando ya habían desaparecido en el cruce que conduce a la autopista, se encendió una luz en el edificio vecino. A esa siguió otra. Y otra. Luego otra más. [...]

Antes de que desapareciera el dinero en efectivo por completo, el Gabinete Revolucionario anunció, por orden del Comandante residente, que eliminaría de forma progresiva el papel moneda. Y aunque el decreto tenía por objeto luchar contra el terrorismo financiero, o lo que los jerarcas llamaban así, era imposible imprimir más moneda que sustituyese a la anterior. El dinero que circulaba a la fuerza no valía nada, incluso antes de quemarlo. Era más valiosa una servilleta que uno solo de los billetes de cien que ardían ahora sobre las aceras como una premonición.

En casa había comida suficiente para dos meses, la reserva que mi madre y yo fuimos acumulando tras los saqueos que asolaron el país años atrás y que habían dejado de ser eventos excepcionales para convertirse en una rutina. Estaba dispuesta a resistir con la despensa de nuestros escarmientos, que aprendí a administrar por intuición. Nadie me instruyó, el tiempo fue contándomelo. La guerra era nuestro destino, desde mucho antes de que supiésemos que llegaría. Mi mamá fue la primera en intuirlo. Tomó sus medidas y fue aprovisionándose durante años. Si podíamos comprar atún, mejor llevar a casa dos latas. Por si acaso. Llenamos la alacena como si alimentáramos a un animal que nos daría de comer para siempre.

8 el flexo - die Schreibtischlampe; **9 el golpe seco** - dumpfer Schlag; **11 arrastrar** - *hier:* auf dem Boden schleifen; **13 alzar** - levantar; **18 alumbrar** - iluminar; **26 el allanamiento** - der Hausfriedensbruch; **27 el furgón** - der Transporter; **33 el Gabinete Revolucionario** - el Gobierno; **46 el saqueo** - die Plünderung; **46 asolar** - heimsuchen; **49 la despensa** - die Speisekammer; **51 instruir** - enseñar; **55 aprovisionar** - versorgen; **57 la alacena** - der Speiseschrank

a) ¿Qué pasa en casa de sus vecinos, Ramona y Carmelo?

____

____

b) ¿Qué hacen las personas que hay en la calle?

____

c) ¿Qué quiere hacer el gobierno?

____

d) ¿Cuál es el objeto del decreto y cómo es la realidad?

e) ¿Qué hace la familia para adaptarse a la situación?

☆ **6** Explica la frase "Llenamos la alacena como si alimentáramos a un animal que nos daría de comer para siempre" (l. 57 – 58).

ESCUCHAR **7** En un blog ecologista han subido este *podcast*. Primero lee la tarea de abajo, tienes un minuto. Después escucha el *podcast* dos veces y completa las frases con la información del audio.

Audio 5zs4u5

→ Comprender un texto auditivo S. 220

a) Aunque es conocida la importancia de los bosques para luchar contra el cambio climático

b) Los bosques están desapareciendo y algunas de sus consecuencias son

c) Se calcula que el número de indígenas que viven en la selva es de

d) La principal amenaza para los pueblos indígenas viene

e) Según el audio, muchos gobiernos consideran que

f) Con la explotación de los recursos naturales de la selva no se está creando bienestar, sino

g) La destrucción de la selva ha aumentado desde el año 2012 en un el estilo indirecto § 22.3

8 Cambia las frases del texto del libro del alumno "Venezuela entre los países con mayor deforestación del mundo" al estilo indirecto.

a) **El mercurio, cuando llega al mar Caribe, infecta a los pescadores. No es un veneno inmediato, se acumula poco a poco, genera problemas neurológicos y nunca se va.**

En 2018 Carlos Peláez dijo ____________________

También comentó que ____________________

____

b) **Es un veneno de contacto que mata al río donde cae y eventualmente desaparece.**

El biólogo dijo ____________________

c) **Estamos hablando de que la pequeña minería se hace sin la observación de los estándares socioambientales necesarios.**

Carlos Peláez agregó ____________________

____

d) **Otros brotes al sur del Orinoco son: la malaria, el dengue y la fiebre amarilla, enfermedades transmitidas por mosquitos. Son enfermedades endémicas muy prevalentes.**

Carlos Peláez afirmó ____________________

____

e) **En la medida en que cada vez haya más gente en busca de un sustento económico en la minería, los indígenas seguirán infectándose. Empezarán a ocurrir epidemias de malaria, que es el caso más grave y puede expandirse al resto de Venezuela.**

Por último, comentó que ____________________

____

____

☆ **9** Un texto literario se caracteriza por la riqueza léxica. Un ejemplo es el libro *Un viejo que leía novelas de amor*, donde el autor utiliza diferentes palabras para decir lo mismo. Ordena las palabras de las casillas en las categorías de la tabla. Busca en el diccionario más palabras para completar tu lista.

→ Trabajar con un diccionario S. 249

el aguacero | el aire | alimentarse | asolar | la brisa | el chaparrón | el ciclón | consumir | cultivar | deshacer | destrozar | devastar | devorar | el diluvio | engullir | el huracán | ingerir | labrar | matar | la precipitación | sembrar | la tormenta | el tornado | el vendaval | zampar

la lluvia	comer	el viento	destruir	plantar

el pretérito indefinido § 15.7 ☆

10 Completa la biografía de Chico Mendes con los verbos de las casillas en pretérito indefinido.

asesinar | conseguir | dedicar | defender | dejar | fundar | luchar | nacer | oponerse | pagar | recibir | ser

Chico Mendes __________ el 15 de diciembre de 1944 en Xapuri, Brasil. ________ un recolector de caucho[1] y ambientalista que desde joven _________ de forma pacífica por sus ideales. ____________ a la deforestación de la selva y ____________ a los pueblos indígenas. Además, __________ un sindicato[2] para ayudar a los recolectores de caucho de la Amazonía.

En el año 1987 ___________ el premio Global 500 de la ONU, que se entrega a aquellos que defienden el medio ambiente. Fue amenazado de muerte en muchas ocasiones.

El 22 de diciembre de 1988 lo ______________ frente a su casa. Solo tenía 44 años. Chico tenía mujer y dos hijos. Él _________ con su vida la defensa y el desarrollo sostenible de la selva.

Pero su muerte _____________ atraer la atención internacional sobre la destrucción de la Amazonía.

Sobre él se rodó un documental y Paul McCartney y Maná le _____________ dos canciones.

Nunca ________ de proteger la selva, de hecho, unas de sus últimas palabras fueron: "No quiero flores en mi tumba porque sé que irán a arrancarlas a la selva".

1 el recolector de caucho – der Kautschukzapfer; **2 el sindicato** – die Gewerkschaft

Audio und weitere Materialien: p8gw3x

1 Lee el texto del libro del alumno "Por qué no debería sorprendernos ver a un refugiado sirio usando un móvil" y completa las siguientes tablas con el verbo o la preposición que falta.

Verbo + sustantivo

______________ en contacto con la familia
______________ un sentimiento
______________ indignación
______________ *selfies*
______________ el móvil
______________ las fotos
______________ la web
______________ un mapa
______________ una ruta

Verbo + adjetivo

________ obligado,-a a abandonar una casa
________ forzado,-a a dejar el trabajo

Verbo + preposición

Alertar _____ los guardacostas
Avisar _____ las autoridades
Hablar _______ el móvil
Comunicarse _______ la familia
Circular _______ las redes sociales
Llegar _____ su destino

2 Vuelve a escribir estas oraciones. Sustituye las palabras en negrita por el vocabulario del ejercicio anterior.

a) Los refugiados sirios **tuvieron que irse** de su país y **dejar** a sus amigos.

b) Con los *smartphones* los refugiados sirios **ven** sus redes sociales, **hablan con** sus amigos y **suben** información sobre su nueva vida.

c) En situaciones de peligro usan los móviles para **llamar** a la policía y **hablar con** su familia.

d) Los refugiados **bajan** mapas y **ven** la ruta gracias al sistema GPS.

e) Los malos comentarios que **hay** en Internet sobre los refugiados **provocan** en ellos tristeza.

el indicativo y el subjuntivo en las subordinadas adverbiales § 17.7

3 Completa la tabla con los siguientes conectores. Los conectores en azul van con indicativo, en amarillo con subjuntivo y en verde con indicativo y subjuntivo.

A fin de que… | Así que… | Aunque… | Con el objeto de que… | De ahí que…

Debido a que… | Después de que… | En consecuencia… | En el momento en que…

Gracias a… | Para que… | Por culpa de… | Por eso… | Por más que… | Siempre que…

temporales	concesivos	consecutivos	causales	finales
Se usan para indicar el momento en el que pasa algo.	Se usan para indicar cuál es el obstáculo que hay para realizar una acción.	Se usan para explicar el resultado que tiene una acción.	Se usan para decir la causa por la que ocurre algo.	Se usan para indicar el objetivo o la razón por la que se hace algo.
______________ ______________ ______________ ______________	______________ ______________ ______________ ______________	______________ ______________ ______________ ______________	______________ ______________ ______________ ______________	______________ ______________ ______________ ______________

el indicativo y el subjuntivo en las subordinadas adverbiales § 17.7

4 Elige el conector correcto para completar el texto.

En la viñeta se ve una patera en el mar. En consecuencia / Con el objeto de que los lectores reflexionen sobre los peligros que se encuentran los migrantes, el autor ha pintado el mar de color negro. De ahí que / Por más que la viñeta parezca tan amenazante. Por más que / En el momento en que los tripulantes sepan que habrá peligros, harán el viaje de todos modos. Aunque / A fin de que el lector piense en la razón del viaje de los migrantes, el autor nombra los peligros a los que estos se enfrentan. Aunque / Siempre que haya peligros en el mar, lo peor de todo es que las personas no los comprenden. Los migrantes se dan cuenta de esa incomprensión en el momento en que / debido a que llegan a su destino.

el indicativo y el subjuntivo en las subordinadas adverbiales § 17.7

5 *VOS Hestia* es un juego creado por la organización internacional Save the children para concienciar sobre la crisis migratoria en el Mediterráneo. Completa la siguiente información con la forma verbal correcta de los verbos entre paréntesis.

VOS Hestia es un juego diseñado por Save the children a fin de que los usuarios ______________ (**comprender**) y ________________ (**sensibilizarse**) sobre la migración por mar.

Save the children pretende que, después de que los usuarios ___________ (**jugar**) a *VOS Hestia*, ______________ (**reflexionar**) sobre los peligros que viven los refugiados.

Gracias a juegos como *VOS Hestia* los usuarios ___________ (**poder**) comprender mejor la situación de los refugiados que ____________ (**intentar**) cruzar el Mediterráneo.

El juego quiere presentar la realidad, de ahí que _______ (**usar**) estadísticas e imágenes.

Con el objeto de que los usuarios _____________ (**entender**) el proceso de rescate, ______________ (**entregarse**) información sobre cómo navegar el barco.

Por más que _________ (**haber**) noticias en la televisión, aún hay mucho que hacer para que se __________ (**poder**) comprender el tema de la migración.

ESCRIBIR MK **6** Busca información en Internet sobre el juego de *VOS Hestia* y escribe un comentario sobre qué te parece que se use un videojuego para tratar el tema de la migración y si crees que puede lograr su objetivo (o no).

→ Escribir un comentario S. 238

ESCUCHAR **7** Escucha el testimonio de un migrante que vive en España y elige la opción correcta. A veces hay más de una.

Video p8gw3x

a) Es un chico de Ghana que…

- [ ] **1.** abandonó su país a los 13 años.
- [ ] **2.** estudió en la escuela de su pueblo.
- [ ] **3.** procede de un pueblo muy desarrollado.
- [ ] **4.** caminaba mucho para ir a la escuela.

b) El viaje hasta España…

- [ ] **1.** estuvo lleno de retos para todos.
- [ ] **2.** fue muy duro, pero todos lograron sobrevivir.
- [ ] **3.** duró cuatro años.
- [ ] **4.** terminó en Andalucía.

c) Durante sus comienzos en Barcelona…

- [ ] **1.** comía comida caliente en el albergue.
- [ ] **2.** se comunicaba con la gente sin problemas.
- [ ] **3.** se sentía muy solo.
- [ ] **4.** no tenía agua caliente para lavarse.

d) Fundó una ONG con el objetivo de…

- [ ] **1.** recoger comida para los que no tienen.
- [ ] **2.** educar y formar a los niños de Ghana.
- [ ] **3.** pagar el viaje de los migrantes.
- [ ] **4.** evitar que otros pasen por lo mismo que él.

MEDIACIÓN **8** MK Für ein Projekt deiner Schule und einer spanischen Austauschschule arbeitest du an dem Thema: Migration in Europa und Einfluss der Medien. Bereite einen spanischen Text für deine Austauschklasse über die Situation in Deutschland vor. Gehe dabei so vor:

- Erkläre, wie die Medien genutzt wurden, um Flüchtlinge zur Migration nach Deutschland zu bewegen.
- Gib an, welche Informationen die Flüchtlinge erhielten.
- Beschreibe die Erwartungen der Flüchtlinge und ihre tatsächlichen Erfahrungen in Deutschland.

Syrien (N = 216)

Davon gehört/gesehen	
Eigenes Haus für Flüchtlinge	87,0 %
Kostenlose Sozialleistungen	94,0 %
Nachholen der Familie	92,6 %
Brennende Flüchtlingsheime	27,3 %
Merkel-Selfie	35,6 %
Bilder von Deutschen, die Flüchtlinge wilkommen heißen	45,8 %

Glauben geschenkt	
Eigenes Haus für Flüchtlinge	70,4 %
Kostenlose Sozialleistungen	83,7 %
Nachholen der Familie	77,5 %
Brennende Flüchtlingsheime	74,6 %
Einladung aller Flüchtlinge durch Merkel	77,3 %

Prozentuierung auf Basis gültiger Fälle; kleinere Abweichungen in den Fallzahlen gehen auf fehlende Antworten zurück.

Erwartung und Enttäuschung

Unterkunft

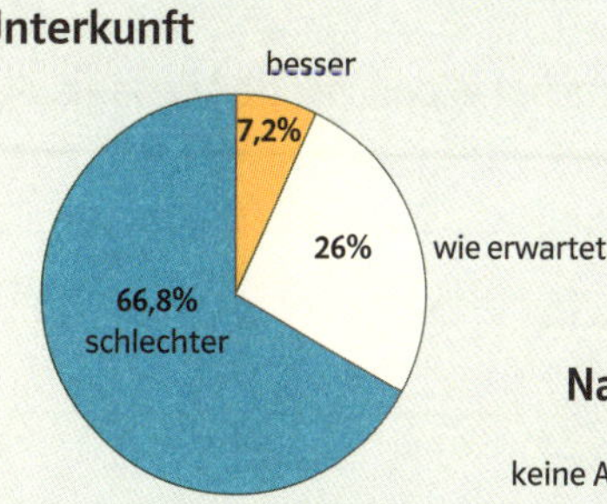

Sozialleistungen

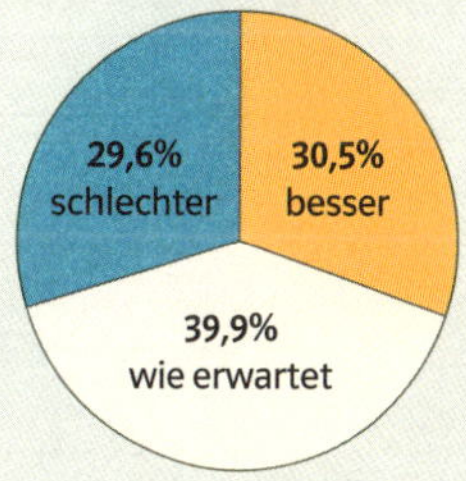

Nachholen der Familie

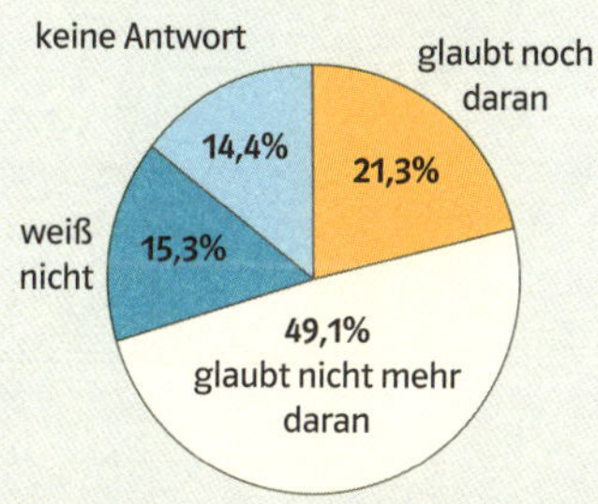

Fuente: Martin Emmer, Carola Richter, Marlene Kunst, Freie Universität Berlin, Institut für Publizistik- und Kommunikationswissenschaft, Oktober 2016

ESCUCHAR **9** Escucha el *podcast* de Mariana, una chica mexicana que vive en Alemania. Di si las siguientes frases son correctas o no.

Audio p8gw3x

a) Hay una respuesta correcta.

Hay muchos estereotipos sobre el pueblo mexicano…

1. ☐ en todo el mundo.
2. ☐ en muchos países, pero no en Alemania.
3. ☐ y todos son ciertos.

b) Hay una respuesta correcta.

A algunos mexicanos les molesta que…

1. ☐ vendan ropa típica de su país como disfraz.
2. ☐ haya estereotipos sobre ellos.
3. ☐ todos los alemanes lleven *Lederhosen*.

c) Hay dos respuestas correctas.

Los alemanes piensan que los mexicanos…

1. ☐ tienen familias muy numerosas.
2. ☐ comen todos los días chile.
3. ☐ no disfrutan de la vida y se preocupan por el dinero.

d) Hay una respuesta correcta.

Las características físicas de los mexicanos son…

1. ☐ muy diferentes en cada región por el mestizaje.
2. ☐ iguales en todo el país: son morenos y bajitos.
3. ☐ como las de los europeos.

ESCRIBIR **10** Después de escuchar el *podcast* de Mariana, di si estás de acuerdo con lo que dice.

11 Completa las tablas con las palabras que faltan.

verbo	sustantivo	adjetivo
	la alegría	alegre
	el atrevimiento	
calentar		caliente
	la capacidad	capaz
	la crítica	criticado, -a
	la debilidad	
delinquir	la delincuencia	
discriminar	la discriminación	
	la riqueza	
forzar		fuerte

verbo	sustantivo	adjetivo
originar		originario, -a
	la perfección	perfecto, -a
	la preferencia	preferido, -a
realizar		
respetar		
	el sentimiento	sentido, -a
superar		superior
simplificar		simple
violentar		violento, -a
	la visibilización	visible

12 Lee los siguientes adjetivos y organízalos según tengan un significado positivo o negativo. Puedes usar el diccionario.

altruista | arrogante | avaro, -a | comprensivo, -a | decidido, -a | humilde | ignorante

inseguro, -a | insensible | leal | orgulloso, -a | paciente | sincero, -a | soberbio, -a

tenaz | trabajador, -ora | valiente | violento, -a

positivos: ☺

negativos: ☹

13 Completa las siguientes definiciones.

Una persona ________________ es aquella que ayuda a los demás sin esperar nada a cambio.
A

Una persona insensible es aquella que ________
____
B

Una persona ________________ es aquella que se cree superior a los demás.
C

Tenaz define a una persona que ________________________________
____
____
D

Una persona avara es aquella que ____________
____
____
E

Una persona ________________ siempre dice la verdad y no miente.
F

los tiempos de pasado § 15.9

14 Marca con una x la regla que corresponda a cada tiempo verbal.

Pretérito imperfecto	¿Cuándo se usa?	Pretérito indefinido
	Acciones delimitadas en el pasado	
	Descripciones en el pasado	
	Acciones repetidas y habituales en el pasado	
	Causas o circunstancias en / por las que sucede la acción principal	
	Con el adverbio "entonces"	
	Acción principal en el pasado	

los tiempos de pasado § 15.9

15 Antes de hacer el ejercicio 5 del bloque D del libro del alumno, usa el siguiente diagrama para estructurar tu historia. No escribas oraciones completas. Escribe verbos y palabras sueltas que te sirvan para contar tu historia a tu compañero.

¿Cuándo fue?

¿Dónde estabas?

¿Con quién estabas?

¿Cómo te sentías en ese momento?

¿Qué pasó ese día?

¿Quién hizo / vio / dijo algo?

¿Qué pasó entonces?

¿Qué pasó al final?

¿Qué sucedía mientras tanto?

...

¿Cómo era el lugar?

LEER **16** Vuelve a leer el texto del libro del alumno "El gran árbol" y di si las siguientes frases son correctas (V) o no (F).

	V	F
a) La autora dice que la tolerancia es algo que nos incomoda, pero aceptamos.		
b) A medida que la autora se fue integrando en Barcelona, fue abandonando sus orígenes.		
c) Para la autora la integración es el resultado de dar y recibir.		
d) A Agnès no le fue difícil aprender las normas de conducta españolas.		
e) Unos días de vacaciones no bastan para conocer una sociedad y una cultura.		

17 Busca en el texto "El gran árbol" las expresiones que usa la autora para dar una opinión, para contraargumentar y para explicar algo, y completa la tabla.

Expresiones para dar una opinión:

Expresiones para contraargumentar:

Expresiones para explicar algo:

ESCRIBIR **18** Una revista para estudiantes de español busca personas que quieran publicar un artículo de opinión sobre el tema de la inmigración. Escribe el artículo. Puedes usar las expresiones del ejercicio anterior y el vocabulario de las casillas.

→ Escribir un artículo S. 240
→ Expresar su opinión S. 234

asustado, -a | ayudar | el / la delincuente | el dinero | educar | enriquecerse | el entorno | el Estado | extorsionar | la familia | el gasto social | la guerra | el hambre | huir | ilegal | integrarse | el / la menor | peligroso, -a | el problema | provocar | el rechazo | reivindicar | el respeto | robar | el sueño | la tolerancia | el trabajo | el / la traficante | los valores | violento, -a

9 Historia de América Latina

Audio und weitere Materialien: ub79gx

ESCUCHAR Audio ub79gx

1 Vas a escuchar un audio sobre algunas expresiones de la lengua española relacionadas con la época colonial y marca las frases correctas. A veces hay más de una.

→ Comprender un texto auditivo S. 220

A Algunas de las expresiones de la lengua española…

☐ 1. existían ya en lengua indígena.
☐ 2. se usan de la misma forma que se usaban durante la Conquista.
☐ 3. las entendemos solo si conocemos algunos datos de la colonización.

B Muchos de los españoles que usan estas expresiones…

☐ 1. han vivido en Latinoamérica.
☐ 2. saben cuál es el origen de ellas.
☐ 3. conocen su significado, pero no su origen.

C Esto es Jauja se usa cuando alguien…

☐ 1. encuentra un trabajo mejor que el que tenía.
☐ 2. está en un lugar que es maravilloso y en el que tiene facilidades.
☐ 3. va a un restaurante y hay comida gratis.

D Jauja está…

☐ 1. en el centro de Perú.
☐ 2. al oeste de Lima.
☐ 3. en el valle del Mantaro.

E Se dice que algo o alguien vale un Potosí cuando…

☐ 1. es un objeto de plata.
☐ 2. es una persona que tiene muchos ingresos.
☐ 3. reconocemos el aprecio o precio que tiene alguien o algo.

F Potosí es…

☐ 1. una ciudad que antes pertenecía al Virreinato de Perú y ahora a Bolivia.
☐ 2. una ciudad peruana que, actualmente, cuenta con la mina más grande del mundo.
☐ 3. una de las ciudades más turísticas de Bolivia.

G Hacer las Américas es una expresión que…

☐ 1. surge de aquellos españoles que emigraron a Latinoamérica después de la Guerra Civil.
☐ 2. describe a los que se van de su casa buscando enriquecerse en otro lugar.
☐ 3. se usa cuando hablamos de una tierra buena para cultivar.

H Más se perdió en Cuba…

☐ 1. hace referencia al gran daño que supuso para España la independencia de Cuba.
☐ 2. surge en el siglo XIX cuando España perdió Cuba.
☐ 3. se puede usar para consolar a alguien que, por ejemplo, ha perdido su trabajo.

LEER **2** Lee el siguiente texto sobre la independencia de las colonias españolas y complétalo con las palabras de las casillas. Puedes usar el diccionario.

acceder	administración	corona	crisis	descontento	Declaración	destronar	dominio
ejemplo	fidelidad	gobierno	igualdad	independencia	invadir	invasión	progreso

LAS CAUSAS DE LA INDEPENDENCIA DE LAS COLONIAS ESPAÑOLAS

La independencia de América comenzó en las primeras décadas del siglo XIX, cuando las colonias americanas dependientes de la __________ española lograron su independencia. Entre las causas estaban el __________ criollo en las colonias, la Independencia de Estados Unidos, las ideas liberales que se difundían en Europa y la __________ francesa a España.

El descontento criollo

Los criollos creían que el sistema colonial era injusto y se sentían discriminados, ya que ellos no podían __________ a los principales cargos políticos, ni podían desarrollar sus actividades comerciales libremente.

La independencia de Estados Unidos

Con la firma de la __________ de independencia de Estados Unidos en el año 1776, se terminó con el __________ inglés en las colonias de América del Norte. Este hecho fue un __________ para el resto de las colonias americanas.

Las ideas liberales

Fueron el conjunto de ideas políticas, económicas y sociales surgidas en Europa en el siglo XVII que buscaban cambios en la sociedad y en las formas de __________.

El liberalismo defendía los derechos individuales para alcanzar el __________ de la sociedad. Otras características de esta doctrina eran la __________ ante la ley, el derecho a la propiedad y la seguridad, la división de los poderes del Estado y la soberanía popular.

La invasión francesa a España

A comienzos del siglo XIX España sufría una gran __________ política. En1808 Napoleón supo aprovechar esta crisis para __________ España y __________ al rey Fernando VII, en su lugar colocó a su hermano, José Bonaparte.

Mientras el Rey estaba preso por Napoleón, se crearon las Juntas de Gobierno como una forma de __________ provisional. Aunque continuaban con el sentimiento de __________ a la monarquía, algunos criollos vieron la posibilidad de crear gobiernos locales con el fin de dirigirse hacia la __________.

el subjuntivo § 17 **3** Lee el siguiente texto sobre el descontento de los criollos y complétalo con las formas que faltan del imperfecto de indicativo y del imperfecto de subjuntivo.

☆

Expresiones

Recuerda: Los verbos y expresiones que van con presente de subjuntivo, cuando están en pasado, se construyen con imperfecto de subjuntivo.

Es injusto que no tengan los mismos derechos.
Era injusto que no tuvieran los mismos derechos.

Los criollos

El término "criollo" hace referencia[1] a la población en las colonias de América que ________ (**ser**) de origen europeo, pero que había nacido en el Nuevo Mundo.
Los criollos ____________ (**formar**) la élite económica en la sociedad colonial, muchos de ellos __________ (**poseer**) grandes latifundios y _____________ (**controlar**) el comercio marítimo o la explotación de las minas.
Como habían nacido fuera de España, se les ___________ (**asignar**) un papel[2] secundario frente a los que habían nacido en Europa y que _____________ (**dominar**) la política y la administración pública en las colonias.
Aunque los criollos ___________ (**gozar**[3]) de muchos privilegios frente a la población mestiza e indígena, la corona española no los ________ (**ver**) como iguales. _____________ (**pertenecer**) a la misma raza que los blancos, pero no _________ (**tener**) las mismas oportunidades de ascenso social.
A los criollos, obviamente, les __________ (**parecer**) injusto que solo los europeos ___________ (**poder**) ascender a los cargos públicos más altos y que los criollos, a pesar de ser tan "europeos" como los demás, no ___________ (**tener**) los mismos derechos.
Pero desde el punto de vista del régimen colonial ________ (**ser**) preferible que el poder político en las colonias ___________ (**quedar**) en manos de aristócratas nacidos en el Viejo Mundo que _____________ (**compartir**) los valores y la mentalidad de la clase gobernante en la Europa absolutista.
Hoy en día nos parece irónico que fuera exactamente esta desconfianza hacia los criollos la que hizo que muchos de ellos ____________ (**perder**) su lealtad[4] a la madre patria[5] y _______________ (**desarrollar**) su propia identidad nacional como americanos.

José de San Martín, uno de los libertadores de Argentina, Chile y Perú

1 hacer referencia – bezeichnen; **2 el papel** – *hier:* la posición; **3 gozar** – genießen; **4 la lealtad** – die Loyalität; **5 la madre patria** – das Vaterland

☆ **4** Completa el crucigrama con el vocabulario del texto del libro del alumno "La carta de Jamaica" con la ayuda del vocabulario de abajo. Las palabras de las casillas amarillas te dan la palabra escondida.

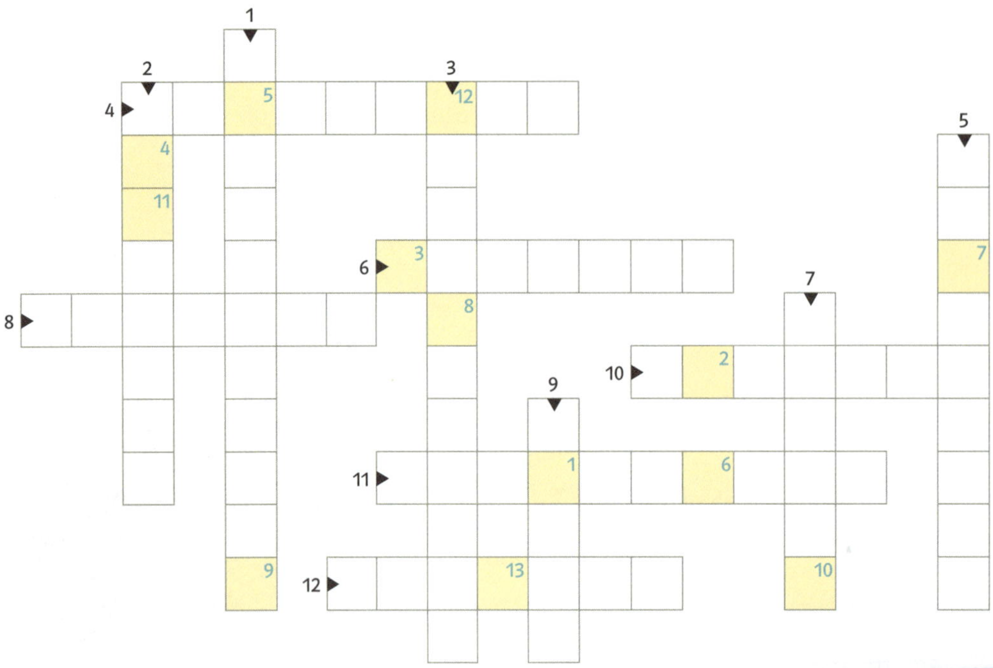

1▼ Sinónimo de darse prisa. → ________________

2▼ Atravesar un lugar. → _____________

3▼ Problema u obstáculo para hacer algo. → _________________

4▶ Estado en el que la máxima autoridad es elegida por los ciudadanos o por el Parlamento. → ______________

5▼ Forma de Gobierno en la que la máxima autoridad es un rey. → _______________

6▶ Facultad de hacer o exigir lo que permite la ley. → _____________

7▼ Conjunto de habitantes de un país que tiene el mismo Gobierno. → ____________

8▶ Sinónimo de suerte. → ____________

9▼ Periodo de cien años. → __________

10▶ Persona que ocupa un lugar de forma violenta. → ____________

11▶ Mitad de la superficie de la tierra que está dividida por el ecuador. → _______________

12▶ Sinónimo de guerra, lucha. → ____________

Palabra escondida:

1	2	3	4	5	6	7	8	9	10	11	12	13

Plaza Independencia, Montevideo (Uruguay)

Monumento a la Independencia, Ciudad de México

Monumento a Héroes de la Independencia, Humahuaca (Argentina)

LEER **5** Lee el texto sobre las adelitas y elige el tiempo de pasado correcto.

los tiempos de pasado § 15.9

Las adelitas en la Revolución mexicana

La Revolución mexicana fue / era uno de los acontecimientos[1] más importantes en la América Latina del siglo XX. La revolución se inició / se iniciaba como una revuelta contra el Porfiriato y terminó / terminaba con la firma de la Constitución de 1917. Fue / Era un largo proceso que provocó / provocaba grandes cambios económicos, sociales y culturales en el país.

Los campesinos no poseyeron / poseían su propia tierra, trabajaron / trabajaban de peones[2] y vivieron / vivían casi como esclavos. Esta fue / era una de las principales causas de la revolución en la que, por primera vez en la historia de México, los marginados[3] reclamaron / reclamaban sus derechos.

Pero la revolución también cambió / cambiaba el papel de las mujeres. A comienzos del siglo XX en México el papel de las mujeres en la sociedad fue / era inferior[4] al de los hombres. Aunque la mayoría de las mujeres trabajaron / trabajaban en el campo igual que sus maridos, la imagen de la mujer fue / era la del ama de casa que cuidó / cuidaba de los niños y no se interesó / se interesaba demasiado por la política. Sin embargo, en ese momento se necesitó / necesitaba el apoyo de las mujeres. Así surgieron / surgían las adelitas, término que hizo / hacía referencia a las mujeres que estuvieron / estaban al lado de sus esposos en la lucha.

El término "adelita" se hizo / se hacía popular por una mujer que se llamó / se llamaba Adela Velarde Pérez y fue / era la enfermera de Antonio del Río Armenta, un soldado de las tropas revolucionarias. Como agradecimiento, este soldado le compuso / componía un famoso corrido llamado "La Adelita". Normalmente, las adelitas participaron / participaban en las batallas, pero no siempre colaboraron / colaboraban en la lucha armada, también ayudaron / ayudaban de otra manera: cocinando o curando a los heridos.

Todos recuerdan a Madero, Zapata y Villa, pero también hay que valorar el papel de estas mujeres.

1 el acontecimiento – el suceso; **2 el peón** – der Landarbeiter; **3 marginado** – *aquí:* oprimido, sin derechos; **4 inferior** – untergeordnet

6 Lee otra vez el texto sobre las adelitas y marca si las siguientes afirmaciones son correctas (V) o no (F). Corrige las afirmaciones que no sean correctas.

	V	F
a) El descontento de las mujeres mexicanas originó la Revolución mexicana.		
b) Al inicio del siglo XX la mayoría de las mujeres mexicanas se dedicaban a la agricultura.		
c) La imagen pública de las mujeres antes de la revolución era muy tradicional aunque, en realidad, muchas mujeres trabajaban igual que los hombres.		
d) El término "adelita" se refiere a todas las mujeres que participaron de un modo u otro en la Revolución mexicana.		
e) Las adelitas ocupaban distintas funciones en las tropas revolucionarias.		
f) El término "adelita" proviene del nombre de una soldado del ejército revolucionario.		

____
____
____

☆ **7** Escucha en Internet el corrido *La Adelita* y completa los huecos con las palabras que faltan.

La Adelita

En lo alto de una abrupta[1] serranía[2]
acampado se encontraba un __________
y una moza[3] que valiente lo seguía
locamente enamorada del sargento[4].

Popular entre la ________ era Adelita,
la mujer que el sargento idolatraba[5]
que, además de ser ________, era ________
que hasta el mismo coronel[6] la respetaba.

Y se oía que decía
aquel que tanto la quería:
Si Adelita se fuera con otro,
la seguiría por ________ y por ________,
si por mar en un buque de guerra[7],
si por tierra en un tren militar.
Y si Adelita quisiera ser mi ________,
y si Adelita fuera mi ________,
le compraría un ________ de seda[8]
para llevarla a bailar al cuartel.

Y después que terminó la cruel ________
y la tropa regresó a su campamento,
por la voz de una mujer que sollozaba[9]
la plegaria[10] se escuchó en el ________.

Y al oírla el ________ temeroso[11]
de perder para siempre a su adorada,
escondiendo su ________ bajo el rebozo[12]
a su ________ le cantó de esta manera.
Y se oía que decía
aquel que en tanto se moría:

Y si acaso yo muero en campaña,
y mi ________ lo van a sepultar[13],
Adelita, por Dios te lo ruego[14],
que con tus ojos me vayas a llorar.

La Adelita, canción tradicional mexicana

1 abrupto – *aquí:* steil; **2 la serranía** – la montaña; **3 la moza** – la chica; **4 el sargento** – bajo rango militar; **5 idolatrar** – *aquí:* querer mucho; **6 el coronel** – alto rango militar; **7 el buque de guerra** – el barco militar; **8 la seda** – die Seide; **9 sollozar** – llorar; **10 la plegaria** – das Gebet; **11 temeroso** – con miedo; **12 el rebozo** – mexikanischer Schal / Halstuch; **13 sepultar** – enterrar; **14 rogar** – flehen

ESCRIBIR **8** Compara el corrido *La Adelita* con el corrido *Juan sin tierra* del libro del alumno (p. 172) y di en qué aspectos de la Revolución mexicana se centran las dos canciones y qué tienen en común o en qué se distinguen.

→ Comparar y contrastar aspectos diferentes S. 236

9 Completa el texto con las expresiones y los conectores de las casillas.

a continuación | además | como resultado | dado que | de ahí que | pero | por el contrario | por ejemplo | por último | se cuenta que | sin embargo | tal vez | también | ya que

Una ruta por los lugares que fueron escenario de la Revolución mexicana

Monumento a la Revolución, Ciudad de México

En primer lugar, empezamos con el monumento a la Revolución que Porfirio Díaz mandó construir en la Ciudad de México. Este monumento comenzó a construirse en el año 1910; ________________ ________ no se inauguró hasta 1938.

En los primeros años después de su inauguración, no tuvo mucho éxito. Hoy, ________________ ________________, es uno de los monumentos más fotografiados de la ciudad. En este palacio no solo hay un museo, ____________ hay una cafetería y un mirador desde el que se observa toda la plaza de la República. ____________________, cuenta con algunas salas de exposiciones temporales. En él descansan los restos de algunos protagonistas de la Revolución: Francisco Villa y Francisco Madero, ______________.

________________ hablamos de otro de los emblemas de la Revolución: la avenida Madero en la Ciudad de México. Es una de las principales calles de la ciudad con una mezcla de edificios coloniales y rascacielos. ____________ que Francisco Villa puso el nombre a esta calle y juró matar a cualquiera que quisiera cambiarlo, ____________ en la actualidad siga llamándose igual.

Avenida Madero, Ciudad de México

Otro lugar que deberían visitar aquellos interesados en este periodo histórico es el Palacio de Lecumberri. Fue la prisión a la que llevaron a Madero, pero a la que nunca llegó ________________ fue asesinado antes. Se ofrecen visitas guiadas, ________________ si no llegas un poco antes ________ te quedes sin sitio.

Y, ____________, otro lugar del que vamos a hablar es de la Hacienda Chinameca. Esta hacienda fue totalmente destruida ________________ del terremoto que hubo en 2017. Este lugar es famoso, ________________ aquí fue asesinado Emiliano Zapata en 1919. Actualmente, el Museo Nacional de Agrarismo tiene su sede aquí, aunque el sitio exacto donde fue asesinado Zapata sigue siendo el principal lugar de visita.

MEDIACIÓN **10** Eine Freundin von dir schreibt eine wissenschaftliche Arbeit über die Bedeutung von Salvador Allende und hat ein Interview mit seiner Nichte, der Schriftstellerin Isabel Allende, gefunden. Leider spricht sie nicht gut Spanisch und bittet dich, dass du ihr auf Deutsch erklärst, was Isabel Allende sagt.

Entrevista a Isabel Allende

[...] Q. ¿Provienes de una familia muy inusual. ¿Podrías hablar de tu tío, Salvador Allende, y de cómo influyó en tu vida?
A. No creo que él influyera mucho en mi vida, a pesar de que siempre lo he admirado. Cuando ocurrió el golpe militar en Chile en 1973, cambió la vida de los chilenos y afectó a la mitad de la población de forma drástica. Salvador Allende era primo hermano de mi padre, un "tío" más en una familia numerosa. Lo veía de vez en cuando, en fiestas familiares, vacaciones... Después del golpe militar, cuando me fui de Chile, comprendí que Allende tenía una dimensión histórica. La dictadura militar borró su nombre en Chile, pero en el resto del mundo era un héroe, una figura legendaria. Cuando me fui auto-exiliada a Venezuela, cada vez que decía mi nombre, la gente preguntaba de inmediato si estaba relacionada con Salvador Allende.

Q. ¿Alguna vez vas a escribir un libro sobre Salvador Allende?
A. No, no lo creo. No soy buena con las biografías y en este caso no podría ser objetiva. [...]

Q. ¿Tú crees que lo que le ocurrió a tu tío fue obra del destino?
A. Sí. Pero eso no significa que las personas que lo mataron no sean culpables. Creo que los torturadores y los asesinos siguen siendo culpables y que debemos tratar de detenerlos.

Q. ¿Volverás a Chile alguna vez?
A. Vuelvo todos los años para ver a mi madre y me siento muy cómoda allí, pero no creo que pudiera vivir allí porque tengo un hogar en los EE. UU., donde están mi marido, mi hijo y mis nietos. No extraño Chile porque ahora puedo ir cuando quiera. [...]

10 Cultura

Audio und weitere Materialien jw43fh

ESCUCHAR
Audio
jw43fh

1 Todas las culturas que han estado presentes en España han dejado su huella en el país. Vas a escuchar un *podcast* que habla sobre algunos de estos aspectos. Escucha el audio y elige cuál es la respuesta correcta. A veces hay más de una. → Comprender un texto auditivo S. 220

a) Las huellas que dejaron los judíos y los musulmanes en la Península…

- ☐ 1. son visibles en la gastronomía de las fiestas populares españolas.
- ☐ 2. se ven, sobre todo, en la arquitectura de Andalucía.
- ☐ 3. se notan tanto en la gastronomía como en la arquitectura del país.

b) El escabeche que aportaron los árabes a la gastronomía española…

- ☐ 1. son unas bolas de carne que llevan una salsa muy sabrosa.
- ☐ 2. es una salsa que se usa para conservar alimentos.
- ☐ 3. es una de las especias que más se usa en la gastronomía.

c) Uno de los platos nacionales es el cocido madrileño, que…

- ☐ 1. es una herencia de un plato judío que llevaba cordero y garbanzos.
- ☐ 2. lo comen en otras regiones a diario y los madrileños el día de Navidad.
- ☐ 3. lleva muchos ingredientes, entre otros: carne, verduras y garbanzos.

d) Las ensaimadas de Mallorca las preparaban los judíos…

- ☐ 1. con grasa de cerdo hasta 1492, que es cuando los expulsaron del país.
- ☐ 2. para el viernes y sábado, el "sabbath", ya que era su día sagrado.
- ☐ 3. pero en 1492 tuvieron que añadirle un ingrediente animal para mostrar su fe.

e) El arroz con leche que comemos de forma habitual hoy en día…

- ☐ 1. es un plato que los cristianos daban a los peregrinos que iban a Santiago.
- ☐ 2. es un plato que los árabes introdujeron en la península.
- ☐ 3. es un plato de origen judío que también comían los árabes.

2 Elige qué adjetivos describen mejor a un héroe. Puedes usar el diccionario.

amable · atento · caótico · cobarde · compasivo · complicado · comprometido · cruel · débil · (des)interesado · divertido · detallista · deportista · egoísta · elegante · fantasioso · fuerte · generoso · gracioso · humano · ingenuo · (in)justo · (ir)responsable · malo · pesimista · seguro de sí mismo · solidario · solitario · tenaz · valiente

héroe	

la traducción del verbo *werden* § 23.3

3 Lee el resumen que ha escrito un estudiante sobre *Don Quijote de la Mancha* y complétalo con la opción correcta.

1. se pone enfermo
2. se queda muy triste y muy solo
3. hacerse caballero
4. hacerse rico
5. se vuelve loco
6. se convierte en su escudero

El argumento de la obra es muy sencillo. Alonso Quijano es el protagonista, un hombre de unos 50 años que lee tantas novelas de caballería que al final [____]. Entonces decide [____] e imitar a los héroes de las novelas que tanto le gusta leer.
El libro se divide en dos partes. En la primera parte, don Quijote prepara las armas que había encontrado en casa y sale a buscar aventuras montado en su caballo Rocinante para ayudar a los que más lo necesitan. Así espera también conseguir el amor de Dulcinea. No sale bien y vuelve a casa. En su segunda salida no va solo. Lo acompaña un ayudante, Sancho Panza, que [____] y que sueña con [____]. En esta salida viven muchas aventuras, como la de los molinos de viento. Al final, dos personas de su pueblo piensan en un plan para que don Quijote vuelva.
La segunda parte del libro cuenta la tercera y última salida de don Quijote. Cuando después de muchas aventuras, que le llevan incluso hasta Barcelona, vuelve de nuevo a casa y [____]. En cama, recupera la razón por unos momentos y muere. Sancho [____] porque no solo ha perdido a su señor, sino a su mejor amigo.

la traducción del verbo *werden* § 23.3

4 Traduce al alemán las siguientes frases sobre *El Quijote* y Miguel de Cervantes.

a) Don Quijote wollte fahrender Ritter werden.

____

____

b) Am Ende des Buches wird Don Quijote krank und muss sechs Tage im Bett bleiben.

____

____

c) Cervantes wurde durch sein Werk *Don Quijote de la Mancha* berühmt.

____

____

d) Man sagt, dass Don Quijote durch das Lesen von zahlreichen Rittergeschichten verrückt wurde.

____

____

e) *Don Quijote* wurde zu einem Meisterwerk der spanischen Literatur.

____

____

MEDIACIÓN **5** Dein Freund Miguel aus Granada hat dir erzählt, dass dieses Jahr der hundertjährige Todestag von Lorca gefeiert wird. Er möchte wissen, ob auch in der deutschen Presse etwas über den Dichter berichtet wurde. Du hast diesen Artikel gefunden, den ein spanischer Journalist geschrieben hat. Erkläre deinem Freund in einer E-Mail kurz, was darin steht. Du kannst mit einem Wörterbuch arbeiten. → Mediación S. 246

Mein Land braucht seinen Dichter

Während in meinem Heimatland über die Exhumierung des Diktators Francisco Franco [...] debattiert wird und man sich rechts und links auf die Wahlen vorbereitet, liegt der bekannteste und wichtigste spanische Dichter des 20. Jahrhunderts, Federico García Lorca, immer noch irgendwo in einem unbekannten Massengrab.
[...] Federico García Lorca, geboren 1898, wurde im August 1936 in der Nähe von Granada – so genau weiß das niemand – von den Faschisten ohne Urteil erschossen und vergraben. Die Vorwürfe: „Sozialismus", „Freimaurerei" und „homosexuelle Handlungen". [...]

Für mich dient der Dichter bis heute als Projektionsfläche unserer sozialen und politischen Sehnsüchte und all jener Themen, die in unserer Gesellschaft unausgesprochen bleiben. Lorca war ein Homosexueller, ein Feminist, ein Aktivist für das öffentliche Bildungswesen und gesellschaftliche Randgruppen und ein überzeugter Demokrat. Gleichzeitig gelang es ihm in seinen Theaterstücken und in seiner Lyrik das Volkstümliche und die Avantgarde zu vereinen. Dafür habe ich ihn schon als Jugendlicher bewundert, obwohl ich mich immer gefragt habe, wie er das damals eigentlich geschafft hat: progressiv leben und schreiben, ohne den Boden unter den Füßen zu verlieren? Mal ehrlich: Wie wurde ein Mann aus der Oberschicht ein Feminist?

Richtig rekonstruieren lässt sich der Weg zum Kämpfer für Gleichberechtigung nicht. Aber so viel steht fest: Er war es in seinen Werken. In seinem Theaterstück *Yerma* erzählte er bereits Anfang des 20. Jahrhunderts von einer unglücklichen Frau auf dem Land, die keine Kinder bekommen konnte, und führte vor, wie begrenzt der Raum für Frauen war, wenn sie ihre Rolle als Mutter nicht erfüllten. Das Stück war eine Kritik an den gesellschaftlichen Zuständen und wollte Frauen aus dem engen Korsett ihrer Zeit befreien. In einem anderen Drama, *La Casa de Bernarda Alba*, unterwirft eine Witwe ihre Töchter klosterähnlicher Bewachung, aus Angst vor deren Freiheit. [...] Auch in der faszinierenden Gedichtsammlung *Romancero Gitano* wird die Gewalt gegen und die Unterdrückung von Frauen thematisiert. Diese Themen sind schon deshalb hochaktuell, weil der junge Chef der konservativen spanischen Volkspartei beispielsweise weiterhin darauf beharrt, das Recht auf Abtreibung zu begrenzen, und die neue rechtspopulistische Partei Vox versammelt bereits zahlreiche Anhänger – und nicht wenige Anhängerinnen – hinter sich, gegen das, was sie als „Genderideologie" bezeichnen. Es verwundert nicht, dass 2019 ausgerechnet eine Frau dafür sorgt, dass der Dichter nicht in Vergessenheit gerät. [...]

Lorca war ein Dichter, der wusste, dass Kultur auch ein demokratisches Werkzeug sein konnte. Während der Zweiten Spanischen Republik (1931–1936) gründete er La Barraca – ein Wandertheaterkollektiv, das Anwohnerinnen und Anwohnern ländlicher Regionen das Theater näherbrachte. [...] Lorcas Ermordung machte ihn zum Mythos der spanischen Linken – jedoch übertrifft seine Figur die Einfachheit des Parteiischen, sie ist universell.

„Ich will eine Weile schlafen, eine Weile, eine Minute, ein Jahrhundert; alle sollen wissen, dass ich nicht gestorben bin; es gibt einen Stall aus Gold in meinen Lippen", schrieb er einmal. Es klingt fast flehend. Wenn er wüsste, dass er, anders als sein Antagonist Franco, niemals eine würdige Bestattung bekommen hat. Dass sich die Erde nie geöffnet hat, um diese Wunde zu schließen. Mein Land braucht seinen Dichter. Befreien wir wenigstens seine Bücher von ihrer Staubschicht. Es ist Zeit.

la pasiva con *ser* § 20.1

6 Vuelve a escribir las siguientes frases sobre Francisco de Goya usando la voz pasiva.

a) Llevaron casi toda su obra al Museo del Prado, pero algunas pinturas las trasladaron a Francia.

____

____

b) La Inquisición secuestró su obra *La maja desnuda* por considerarla obscena.

____

____

c) En 1876 el Rey lo nombró pintor de la corte.

____

d) Enterraron los restos mortales de Goya en la ermita de San Antonio de la Florida en Madrid.

____

____

ESCUCHAR Audio jw43fh

7 En el Museo del Prado ves estos dos cuadros. La guía del museo está explicando uno de los cuadros. Escúchala y di de qué cuadro habla.

El 2 de mayo de 1808 en Madrid

El 3 de mayo en Madrid o "Los fusilamientos"

____

ESCUCHAR Audio jw43fh

8 Escucha la siguiente parte del audio y completa el texto con la información sobre el cuadro.

Este cuadro fue pintado por Francisco de Goya y se encuentra en el ____________________.
El autor lo pintó ____________________ y utilizó la técnica del óleo sobre lienzo.
En él se aprecia ____________________ : se trata del ______________________________
contra los mamelucos, soldados egipcios que estaban al servicio de ________________.
Este hecho aquí representado marca el inicio ______________________________.
En el suelo se ve a los ____________________, mientras que en primer plano y al fondo se ve a
los madrileños con cuchillos que atacan ______________________, que intentan huir.

ESCUCHAR **9** Escucha la última parte del audio y di si las siguientes frases son correctas (V) o no (F). Corrige las que no sean correctas.

Audio jw43fh

	V	F
a) La escena se desarrolla en la puerta del Sol.		
b) Una de las grandes aportaciones del cuadro es el uso de los colores pastel.		
c) Goya refleja en su cuadro la violencia de la guerra.		
d) La escena transmite la rabia de los españoles frente a la invasión francesa.		
e) El cuadro ha tenido que ser restaurado una vez.		
f) Durante la Guerra Civil el cuadro fue trasladado de Madrid a Barcelona.		

LEER **10** Lee el texto que explica el cuadro de Goya *Los Fusilamientos* y toma nota de los siguientes aspectos: la composición, el color y la perspectiva.

Goya pintó este cuadro en 1814, después de que fueran expulsadas las tropas de Napoleón que habían invadido España. En él se representan los hechos históricos acontecidos entre el 2 y 3 de mayo de 1808 cuando un grupo de presos son fusilados como traidores por las tropas francesas. Esos hombres eran españoles que se habían levantado contra las tropas de Napoleón en Madrid.
Esta obra tiene una composición bastante compleja. Hay dos grupos de personajes, por un lado los soldados franceses que presentan una alineación perfecta. No se les ve la cara, pues no es importante porque solo esperan la orden de disparar. Por otro lado, están los españoles mostrando cada uno una posición diferente dependiendo de su actitud ante la muerte: unos se tapan el rostro con las manos, otro ofrece su cuerpo a los soldados.
En cuanto al color, Goya utiliza colores muy oscuros. Los únicos puntos de color son la figura central, el hombre vestido de blanco y amarillo, el farol que da luz y la sangre del suelo, de color rojo intenso.
En cuanto a la perspectiva, sorprende la poca distancia que hay entre los soldados franceses y los presos. Es una distancia irreal, casi sin separación, que hace que el cuadro gane dramatismo. Las figuras del primer plano tienen mayor nitidez mientras que las del fondo la pierden. La obra presenta distintos planos como el de los soldados, el farol, los fusilados y la arquitectura, que se puede ver al fondo de la imagen.

2 expulsar – vertreiben; **4 el hecho** – das Geschehen; **5 el preso** – el prisionero; **5 fusilar** – erschießen; **6 el traidor** – der Verräter; **12 la alineación** – die Aufstellung; **14 disparar** – schießen; **17 el rostro** – la cara; **22 el farol** – die Laterne; **28 la nitidez** – die Schärfe

Composición	
Color	
Perspectiva	

LEER **11** Lee el siguiente fragmento de la novela *El misterio Velázquez*. Su protagonista es Nicolás Pertusato, uno de los personajes de *Las Meninas*. Es un muchacho italiano que sirve en la corte del rey Felipe IV como bufón. Allí conoce a Velázquez y se pone a su servicio. En este fragmento habla de la amistad que entabla con Maribárbola, que también sirve en la corte.

El misterio Velázquez

En los años siguientes, los sucesos que viví fueron los mismos con los que tropieza cualquier persona a lo largo de su vida y que, por ende, no tienen mayor relevancia que la de dejar constancia del paso del tiempo. Me convertí en el criado discreto que los Reyes esperaban de mí. Aprendí español con diligencia, me acomodé a los menesteres de palacio y tomé buena nota de cuanto había que saber para estar entre los sirvientes de los Reyes. Pronto fui conocido por mi inteligencia y por la cordura que sabía poner en mis intervenciones, y con astucia y buena intención gané voluntades y aprecio. No obstante, y siendo tan intrincada y llena de simulaciones la vida en palacio, no siempre todos estuvieron de mi lado, ni yo pude estar del lado de cualquiera. Era preciso tener claras las jerarquías de fidelidades y, después, navegar con buena mano y mejor fortuna. Y eso hice durante todos esos años.

Conocí por entonces a una joven con quien trabé una profunda y duradera amistad. Se trataba de una muchacha que llevaba ya algunos años en palacio, muy favorecida de la Reina, extranjera también y con el mismo signo con que la naturaleza me había señalado a mí. Se llamaba Bárbara Asquín y por aquel entonces ya todo el mundo la conocía por Maribárbola.

Maribárbola vivía en España desde hacía algún tiempo. Había aprendido con soltura su oficio y, aunque no había perdido el deje alemán que imprimía a sus palabras, se hacía entender con toda claridad. Si algo la caracterizaba era su capacidad para ver siempre más allá de lo que aparentemente significaban las cosas, fruto más que de su inteligencia, de una sagacidad nacida de la desconfianza y la incertidumbre a la que la vida le había sometido siempre. Eso le hacía mirar con recelo a cuantos desconocía y a mostrarse fría y altanera con aquellos que intentaban tomar diversión a su costa. Aunque tenía fama de hosca, yo le conocí tales arrebatos de alegría y un desvelo de bondad para conmigo que desmienten toda esa maledicencia. Su frase preferida, que murmuraba siempre en alemán, ante el desconcierto de los demás, era *man trägt das Licht in sich*, es decir, "la luz se lleva dentro".

También a mí me enseñó a buscar esa luz. Y aunque nunca alcancé para mí mismo la paz que ella era capaz de lograr, aprendí de sus palabras y de sus obras la manera de hacerlo. Si en alguna ocasión puedo permanecer ensimismado atendiendo a mi interior, a ella se lo debo.

Solo recuerdo haberle visto perder el dominio de sí en una ocasión. Fue con la llegada de un mensajero alemán, natural de München, que fugazmente pasó por Madrid. Durante los días que permaneció en palacio, Maribárbola frecuentó su compañía, entusiasmada por las miles de historias que él sabía rememorar de su Alemania amada. Sin duda, aquel hombre tenía la habilidad de contar las cosas con una desusada amenidad, pero fue su cortesía tan viril la que hizo que Maribárbola se sintiese enamorada. Con seguridad que él ni siquiera pensó en ello cuando depositó en su mano una medallita que tenía grabada la silueta de la Virgen, pero ella la tomó como un tesoro y durante años se la vi llevar engarzada en uno de sus collares favoritos.

Gracias a Maribárbola conocí a Velázquez.

2 tropezar – *hier:* encontrar; **4 dejar constancia** – vermerken; **5 el criado** – der Diener; **7 el menester** – la necesidad; **9 el sirviente** – der Bedienstete; **13 intrincado** – complicado; **17 la fidelidad** – die Treue; **20 trabar una amistad** – hacerse amigo,-a; **23 favorecido** – *hier:* protegido; **24 el signo** – *hier:* la característica; **35 la sagacidad** – der Scharfsinn; **36 la incertidumbre** – la inseguridad; **38 el recelo** – la desconfianza; **39 altanero** – hochmütig; **40 hosco** – mürrisch; **43 la maledicencia** – üble Nachrede; **44 el desconcierto** – la confusión; **51 ensimismado** – concentrado en sus propios pensamientos; **53 perder el dominio** – perder el control; **58 entusiasmado** – emocionado; **59 rememorar** – recordar; **60 la habilidad** – la capacidad; **61 desusado** – raro; **61 la amenidad** – el entretenimiento; **62 viril** – masculino; **67 engarzado** – als Anhänger

☆ **12** Di si las siguientes frases son correctas (V) o no (F). Corrige las que no sean correctas.

	V	F
a) Nicolás no conoce mucho a Maribárbola.		
b) Maribárbola es de Alemania.		
c) Maribárbola habla español como una española.		
d) Maribárbola se hace rápidamente amiga de quien no conoce.		
e) Maribárbola se porta muy bien con Nicolás.		
f) Maribárbola se enamora de un mensajero alemán de München.		

☆ **13** Nicolás dice que Maribárbola tiene "el mismo signo con que la naturaleza me había señalado a mí" (l. 24–25). Explica qué significa la frase y a qué se refiere Nicolás.

ESCRIBIR **14** Caracteriza a Maribárbola según lo que dice Nicolás de ella en el texto.
☆

QUELLENNACHWEIS

Bildquellen

Action Press GmbH (United Archives / De Agostini) [Francisco de Goya: Los fusilamientos del 3 de mayo, 1814], **84.2**; Alamy stock photo, Abingdon, Oxon (Dan Tuffs), **79.1**; (David Tipling Photo Library), **60.1**; (Photo12/Archives Snark), **75.1**; BPK, Berlin (Alfredo Dagli Orti), **86.1**; culture-images, Köln (GP), **37.1**; Deutsche Umwelthilfe e.V./www.duh.de, **17.1**; Ferrán Martín, Badalona, **36.1**; gemeinfrei, (Hazen Sise/ Library and Archives Canada / PA-117424), **40.1**; Getty Images, München (ANTONIO SCORZA/AFP), **61.1**; (Buyenlarge), **38.1**; (DEA / M. SEEMULLER De Agostini), **73.1**; (EyeEm), **7.1**; **7.2**; (Hulton Archive), **42.1**; (Pablo Blazquez Dominguez), **82.2**; (PAU BARRENA/AFP), **48.1**; (Pau Venteo/NurPhoto), **49.1**; (Vizzor Image / Getty Images Entertainment), **4.1**; Getty Images Plus, München (AndresGarciaM / iStock), **29.2**; (benedek iStock), **78.2**; (Byrdyak iStock), **46.3**; (Compassionate Eye Foundation/Robert Kent DigitalVision), **26.1**; (Damocean iStock), **46.2**; (diegograndi iStock), **71.3**; **78.1**; (diegograndi iStock Editorial), **74.3**; (emarys iStock), **54.2**; (etorres69), **80.1**; (Fenne E+), **46.1**; (ferrantraite E+), **74.2**; (ferrantraite / E+), **34.1**; (ferrantraite/E+), **33.2**; (holgs / iStock Unreleased), **74.1**; (iStock / Davizro), **55.1**; (Iurii Buriak iStock), **33.4**; (Joel Carillet iStock Unreleased), **64.1**; (KavalenkavaVolha iStock), **33.1**; (kiko_jimenez), **80.4**; (luisrsphoto iStock), **29.3**; (LUNAMARINA iStock), **80.2**; (luoman E+), **59.1**; (Maica / E+), **34.2**; (Mark Kostich E+), **54.1**; (NeoPhoto iStock), **55.2**; (nicolasdecorte iStock), **60.2**; (nobelio iStock Editorial), **29.1**; (rchphoto iStock), **71.1**; (robynmac), **80.5**; (Rolandocb_efectodron/iStock), **80.3**; (Ryan McVay DigitalVision), **18.1**; (skynesher E+), **19**; (Stephen Simpson DigitalVision), **27.1**; (Tom Werner/DigitalVision), **51.1**; (Trout55 / E+), **46.4**; (xavierarnau/iStock), **33.3**; Hazen Size / Jesús Majada Neila, **39.1**; imago images, Berlin (United Archives International), **82.1**; Interfoto (PHOTOAISA) [Francisco de Goya, El dos de mayo de 1808, 1814], **84.1**; José Luis Padilla (Padylla), **19.1**; Mujeres en Igualdad, Madrid, **20.1**; ShutterStock.com RF, New York, NY, **47.2**; (Byelikova Oksana), **66.4**; (Doctor_J), **66.3**; (lithian), **24.1**; (Luis Molinero), **47.1**; (Luis Roldan), **66.2**; (Milton Rodriguez), **71.2**; (Roman Samborskyi), **47.3**; (R_Tee), **14.1**; (Vasily Smirnov), **66.1**; stock.adobe.com, Dublin (Africa Studio), **9.1**; (Albert), **7.3**; (Max), **56.1**; 123rf Germany, c/o Inmagine GmbH, Nidderau (Prasit Rodphan), **Cover**; 13/07/2008 por José Luis Padilla (Padylla), **63.1**; © EL PAIS, **31.1**

Sollte es in einem Einzelfall nicht gelungen sein, den korrekten Rechteinhaber ausfindig zu machen, so werden berechtigte Ansprüche selbstverständlich im Rahmen der üblichen Regelungen abgegolten.

Textquellen

Bianca Fritz, 05.10.2017, Fritz und Fränzi. Das Schweizer Eltern-Magazin, https://www.fritzundfraenzi.ch/gesellschaft/schule/interview-digitalisierung-schule-philippe-wampfler?page=all [Zugriff am 03.12.2019], **26**; El Nacional, Caracas (El nacional/ Karla Perez), **60**; Eliacer Cansino Macías, El misterio Velázquez, Grupo Editorial Bruno, 2005, **86**; Hans-Günter Kellner, Deutschlandfunk, 08.03.2018, https://www.deutschlandfunk.de/weltfrauentag-der-streik-der-spanierinnen.1773.de.html?dram:article_id=412459 [Zugriff am 17.01.2020], **48**; Karina Sainz Borgo, La hija de la española, Edición Lumen, 2019, **58**; Lied: „Adelita", Text: traditionell, **76**; Lied: „Todos los nombres", Text: José G. Rogríguez, Verlag: Utopia Producciones, **44**; María Barbal, Canto rodado, Edicion El Aleph, Barcelona 2007, **42**; Martin Emmer, Carola Richter, Marlene Kunst, Freie Universität Berlin, Institut für Publizistik und Kommunikationswissenschaft, Oktober 2012, Freie Universität Berlin, Institut für Publizistik und Kommunikationswissenschaft [Zugriff am 17.01.2020], **65**; Norman Bethune, El crimen de la carretera Málaga-Almería, Caligrama Ediciones, Barcelona 2004, **40**; VG Wort, München, **18**; Westdeutscher Rundfunk Köln (WDR), Autor: Gregor Delvaux de Fenffe, https://www.planet-wissen.de/geschichte/deutsche_geschichte/weimarer_republik/pwiediehyperinflationvon100.html, **56**; © La Vanguardia, **23**; © 2004-2019 Initiative Auslandszeit, https://www.freiwilligenarbeit.de/freiwilligenarbeit-kolumbien.html [Zugriff am 11.10.2019], **7**; © 2020, Isabel Allende, http://isabelallende.com, **79**; ©Juan Francisco Alvarez Moreno für ZEIT ONLINE (www.zeit.de) vom: 26.04.2019 „Mein Land braucht seinen Dichter", **82**

Sollte es in einem Einzelfall nicht gelungen sein, den korrekten Rechteinhaber ausfindig zu machen, so werden berechtigte Ansprüche selbstverständlich im Rahmen der üblichen Regelungen abgegolten.